图书馆残疾人服务模式与规范

李春明　主编

国家图书馆出版社

图书在版编目（CIP）数据

图书馆残疾人服务模式与规范/李春明主编. —北京：国家图书馆出版社，2019.2

ISBN 978－7－5013－6780－1

Ⅰ. ①图…　Ⅱ. ①李…　Ⅲ. ①残疾人—图书馆服务—服务模式—研究—中国　Ⅳ. ①G252

中国版本图书馆 CIP 数据核字（2019）第 099656 号

书　　名　图书馆残疾人服务模式与规范
著　　者　李春明　主编
责任编辑　张　颀
封面设计　耕者设计工作室

出版发行　国家图书馆出版社（北京市西城区文津街 7 号　100034）
（原书目文献出版社　北京图书馆出版社）
010－66114536　63802249　nlcpress@nlc.cn（邮购）
网　　址　http://www.nlcpress.com
排　　版　凡华（北京）文化传播有限公司
印　　装　北京鲁汇荣彩印刷有限公司
版次印次　2019 年 2 月第 1 版　2019 年 2 月第 1 次印刷

开　　本　710×1000（毫米）　1/16
印　　张　15
字　　数　193 千字
书　　号　ISBN 978－7－5013－6780－1
定　　价　75.00 元

《图书馆残疾人服务模式与规范》编委会

主　编：李春明

副主编：谢　强　刘博涵

编　委：毛雅君　张　炜　王燕荣　周笑盈　李　健
宋　辰　赵月平　杨　靖　赵　磊　李　彬
王　娟　赵媛媛　孙　倩　宋丽荣　高恩泽
王　垚　韩新月　邱奉捷　解晓毅　崔慧萍
李　藜　周　琴　薛　雪

序

残疾人是一个数量众多、特点突出、需要特别关注与帮助的社会群体。残疾人，通常是指在心理、生理、人体结构上，某种组织、功能丧失或者不正常，全部或者部分丧失以正常方式从事某种活动能力的人。残疾人包括视力残疾、听力残疾、言语残疾、肢体残疾、智力残疾、精神残疾、多重残疾和其他残疾的人①。中国残疾人联合会根据第六次全国人口普查数据和第二次全国残疾人抽样调查推算出2010年末我国残疾人总人数为8502万人②，残疾人的生活与发展，不仅关乎残疾人本人，也关乎他们的家庭③。据统计，我国8000多万残疾人涉及近3亿家庭人口，占全国总人口比例的近四分之一。

现代文明社会的标志，是每一个社会成员都得到平等的生存权、发展权。《中华人民共和国残疾人保障法》中明确提出要“保障残疾人平等地充分参与社会生活，共享社会物质文化成果”，并规定：“国家保障残疾人享有平等参与文化生活的权利。各级人民政府和有关部门鼓励、帮助残疾人参加各种文化、体育、娱乐活动，积极创造条件，丰富残疾人精神文化生活。”④

残疾人在现实社会竞争中往往处于不利的地位，究其原因，信息获取不便、知识水平不高、融入社会较难是较为重要的因素。改善残疾人的生活、学习、工作条件，使

---

① 中华人民共和国残疾人保障法[EB/OL].[2018-04-20]. http://www.npc.gov.cn/huiyi/cwh/1102/2008-04/25/content_1426030.htm.

② 2010年末全国残疾人总数及各类、不同残疾等级人数[EB/OL].[2018-04-20]. http://www.cdpf.org.cn/sjzx/cjrgk/201206/t20120626_387581.shtml.

③ 王子舟，夏凡. 图书馆如何对残疾人实施知识援助[J]. 图书情报知识，2007(2):5-18.

④ 中华人民共和国残疾人保障法[EB/OL].[2018-04-20]. http://www.npc.gov.cn/huiyi/cwh/1102/2008-04/25/content_1426030.htm.

他们能够更好地融入社会，平等地参与社会竞争，获得与平常人相同的发展条件，已成为全面建设小康社会和构建社会主义和谐社会一项重要而紧迫的任务[①]。

2016年8月18日，国务院发布了《"十三五"加快残疾人小康进程规划纲要》，明确了开展残疾人服务工作的基本原则：坚持普惠与特惠相结合；坚持政府主导与社会参与、市场推动相结合；坚持增进残疾人福祉和促进残疾人自强自立相结合；坚持统筹兼顾与分类指导相结合。

关于"普惠"与"特惠"之间的关系，即"既要通过普惠性制度安排给予残疾人公平待遇，保障他们的基本生存发展需求，又要通过特惠性制度安排给予残疾人特别扶助和优先保障，解决好他们的特殊困难和特殊需求"。这个文件还特别提到了残疾人服务工作的重点，要求"聚焦农村、贫困地区和贫困、重度残疾人，健全残疾人权益保障制度和扶残助残服务体系，增加残疾人公共产品和公共服务供给，让改革发展成果更多、更公平、更实在地惠及广大残疾人，使残疾人收入水平明显提高、生活质量明显改善、融合发展持续推进，让广大残疾人安居乐业、衣食无忧，生活得更加殷实、更有尊严"[②]。

公共文化服务，是现代社会政府为公众提供的基本服务之一，它所要解决的不仅仅是一般意义上的文化娱乐问题，还包括信息素养的培养、信息的获取与利用、终身学习以及人与人、人与社会之间的交流和沟通，它与个人的发展紧密相连，尤其是到了数字时代的今天，图书馆服务作为公共文化服务链条中的重要环节，对于每一个人都具有远远超出传统社会的意义，对于残疾人来说尤其如此。

与一般身体健全的人士不同，公共图书馆服务对于残疾人的意义更为重要。由于身体的原因，他们参加公共活动的空间相对要小很多，人与人之间的交流更为困难，而对于听力、视力障碍的残疾人来说，他们获取和利用信息更加困难。

---

① 中共中央、国务院关于促进残疾人事业发展的意见[EB/OL].[2018-04-20].http://www.china.com.cn/policy/txt/2008-04/24/content_15005220_2.htm.

② 国务院关于印发"十三五"加快残疾人小康进程规划纲要的通知[EB/OL].[2018-04-20].http://www.gov.cn/zhengce/content/2016-08/17/content_5100132.htm.

这不仅对他们参与社会生活造成严重的影响，甚至直接影响到了他们的就业以及后续的发展，可以说，这是影响残疾人生存权、发展权最重要的因素之一。对此，党和政府给予了高度重视。在《国务院关于印发“十三五”加快残疾人小康进程规划纲要的通知》中就明确了为残疾人提供公共文化服务的具体要求：

> 丰富残疾人文化体育生活。将残疾人作为公共文化体育服务的重点人群之一，公共文化惠民工程、全民健身工程、全民阅读工程、公共文化体育服务机构和基层综合性文化服务中心要提供适合残疾人的服务内容和活动项目。有条件的市（地）、县（市、区）公共图书馆设立盲人阅览室，配置盲文图书、有声读物、大字读物及阅读辅助设备。开展残疾人文化周、残疾人阅读推广等群众性文化活动。扶持盲文读物、有声读物、残疾人题材图书和音像制品出版。继续建设中国残疾人数字图书馆和移动数字图书馆，通过建设中国盲人数字图书馆构建盲文数字出版和数字有声读物资源平台。
>
> ……
>
> 大力推进互联网和移动互联网信息服务无障碍，鼓励支持服务残疾人的电子产品、移动应用软件（APP）等开发应用。推进政府信息以无障碍方式发布，地市级以上政府新闻发布会逐步增加通用手语服务，公共服务机构、公共场所和公共交通工具为残疾人提供语音和文字提示、手语、盲文等信息交流无障碍服务。鼓励省（区、市）、市（地）电视台开设手语栏目，逐步推进影视剧和电视节目加配字幕。①

图书馆是“收集、整理、保存文献资料和其他信息资源并向读者提供利用的科学、文化、教育机构”②。加强为残疾人服务，向残疾人提供符合他们需要的服

---

① 国务院关于印发“十三五”加快残疾人小康进程规划纲要的通知[EB/OL]. [2018-04-20]. http://www.gov.cn/zhengce/content/2016-08/17/content_5100132.htm.

② 《中国大百科全书》总编委会. 中国大百科全书[M]. 2版. 北京：中国大百科全书出版社，2013：1467.

务,是由公共图书馆的性质决定的,也是公共图书馆最重要的使命之一。《公共图书馆宣言》中也指出:“公共图书馆应不分年龄、种族、性别、宗教、国籍、语言或社会地位,向所有的人提供平等的服务。还必须向由于种种原因不能利用其正常服务和资料的人,如语言上处于少数的人、残疾人或住院病人及在押犯人等提供特殊的服务和资料。”[①]因此,为残疾人开展图书馆服务,是图书馆精神的内在要求,也是图书馆的使命所在。

加强为残疾人服务,对于公共图书馆来说,还有许多问题需要研究。残疾人情况的特殊性,使得他们利用图书馆、图书馆为他们提供服务也有很大的特殊性。同时,由于残疾人类型不同、残障程度不同,又使得这种特殊性更加突出,这必然会给图书馆的服务带来更多、更高、更具个性化的要求,因此,为残疾人服务,为残疾人的家庭服务,既是对图书馆服务工作的挑战,也是图书馆服务创新、服务能力提升的重点。

多年来,我国图书馆界在推进残疾人文化服务建设方面做了大量细致的工作,从国家图书馆到省、市公共图书馆乃至社区基层图书馆都针对残疾人群体开展了形式多样的服务项目和助残活动,包括:在设施建设方面,图书馆建筑环境和配套设施充分考虑到残疾人的特殊需求和使用特点,遵循残疾人无障碍设施的设计要求,尽可能消除残疾人在利用图书馆过程中的物理障碍,多数公共图书馆为残疾人设立了专门的服务区域,配备了残疾人专用设备和辅助设备。在资金保障方面,给予残疾人减免相应费用的优惠,图书馆通过多种途径获取残疾人服务专项资金支持,以确保残疾人服务的正常开展和项目的有序运行。在辅助工具和操作环境方面,不断引进新技术,购置盲人专用电脑、视听辅助器、读书机等设备,保障残疾人无障碍地获取信息。在读者活动和读者服务方面,为残疾人提供个性化的专题定制服务,针对残疾人信息需求举办各种专题讲座和职业技术培训,开展医疗、法律以及心理咨询等助残活动。在创新服务方式方面,延伸、

---

① 公共图书馆宣言[J].图书馆学刊,1996(6):41-45.

创新传统阅览服务，部分公共图书馆为残疾人提供送书上门、邮寄上门、亲属代借等多种服务，并积极探索网络服务新模式，除了在互联网上为残疾人提供参考咨询等服务外，还开通网上数字化资源服务。2008 年国家图书馆建设了中国盲人数字图书馆，2011 年又成立了全国残疾人阅读指导委员会，并筹建了中国残疾人数字图书馆。在开展合作方面，多数公共图书馆积极寻求与多种社会力量的合作，建立了与残疾人联合会、特殊学校以及各种残疾人服务机构长期的、持续性的协作机制。

图书馆服务需要有理论的指导和支撑，而理论的指导和支撑通常是通过业务规范体现出来的。虽然与其他公共服务机构相比，公共图书馆历经上百年的发展，积累了丰富的经验，形成了一套非常完整的服务理论、服务方法和服务规范。但是在开展残疾人服务方面，由于我国公共图书馆残疾人服务起步较晚，加之残疾人服务在具体实践中的特殊性与复杂性，在残疾人服务规范、服务方法、服务技能等方面仍处于探索阶段，业界也没有一个相对完整的范本可以参考，尤其是在数字化、网络化快速发展的今天，服务的方式、服务的内容、服务的环境较之传统时代都发生了根本性的变化，亟须对此加强研究。本书也是基于目前业界的现状，试图在图书馆服务规范、服务方法、服务技能方面进行探索。

图书馆学是一门实践性很强的学问。随着社会发展和技术的进步，旧有知识体系中的一些工作方法常常会落后于实践。近年来，随着我国图书馆事业的快速发展，残疾人服务受到了高度重视，各地图书馆在开展为残疾人服务的实践工作中进行了大量创新性探索，积累了许多宝贵的经验，这些都是丰富我们开展残疾人服务的方法和理论的重要基础。因此，在开展相关研究时，本书作者通过问卷调查、实地调研等方式，试图通过学习各地的经验、做法来丰富我国公共图书馆界开展残疾人服务的理论与方法。本书附录中的相关调研问卷，可作为今后工作开展的重要参考资料，供国内同行参考。

陈　力

2018 年 1 月

目　　录

图目录

表目录

前　言

随着时代发展,人民群众特别是残疾人群体精神文化需求日益增长。与此同时,信息技术和网络技术等现代科学技术和传播手段的不断迭代,使为残疾人提供公共文化服务的能力和水平得到提高。作为图书馆公益性、均等性、基本性和便利性等特征最好的诠释,如何在新环境下丰富服务手段、拓展服务渠道、扩大服务范围,从而使作为现代公共文化服务体系重要组成部分的图书馆的职能和作用得到提升和充分发挥,将不仅是图书馆工作演进的需要,也是公共文化服务行业整体发展的必然要求和战略选择。这不仅是我国文化建设的一项长期性战略任务,也是我国公共文化服务体系建设的一个新的要求。

图书馆针对残疾人服务的体系化研究,长期以来只停留在理论分析和单一实践,并没有真正、有序、规范地开展起来。国外的研究和实践,由于对文化的定义以及机制、体制等方面与我国的不同,其成果仅在实现机制、服务模式等方面有一定的借鉴意义。在我国,由于政府层面对加快残疾人小康进程的规划要求,残疾人成为公共文化体育服务的重点人群之一,成为文化惠民工程和全民阅读工程的关注对象。但是实践中仍缺少专门的体系化研究,还有诸多亟待解决的问题。

历经两年的调研,《图书馆残疾人服务模式与规范》正式面世。本书的主要内容包括以下几个方面:一是开展残疾人阅读和服务调查,分析各类型残疾人的图书馆信息服务需求及其信息获取特征,研究图书馆为残疾人提供公共信息服务的类型、方法与服务效果。二是根据残疾人的特殊需要,研究无障碍物理环境建设、无障碍信息资源建设以及无障碍信息获取服务方式和途径。三是研究不同类型残疾人专用资源与服务的特点,探索如何开展方便残疾人的到馆服务、社区服务和居家网络服务方式，完成图书馆残疾人服务模式的顶层设计。四是建立资源与服务的共享列表，编制图书馆残疾人服务指南和服务规范。

在本书编纂过程中，我们在全国范围内对公共图书馆进行调研问卷发放，开展残疾人用户的入户调研，进行深入有效的数据分析。在对基础理论、建设内容、服务框架和体系进行全面系统分析的基础上，我们开展了图书馆残疾人服务模式和规范的全面系统研究，完成了图书馆残疾人服务模式的顶层设计和服务规范的搭建。本书将我国各级图书馆的残疾人服务作为一个整体来研究，全面梳理国内外相关理论和实践，构建服务模式和规范理论基础和框架，提出系统完整的体系建设框架，对未来相关工作的研究和开展具有重要的参考价值和借鉴意义。同时，本书还系统分析目前我国图书馆界在残疾人服务与资源建设中存在的问题，提出具体的建设策略和建设重点，并针对实地调研结果，提出可资借鉴的规划和建议，研究结果可供政府、各类建设者和参与者、受益者共享，从而有效促进服务的有序化和规模化建设。

本书集中反映了近几年来图书馆界对发展残疾人服务事业和提高残疾人文化素质的思考和研究的成果，试图解决我国公共图书馆在残疾人服务模式和规范体系建设中的理念基础和建设方式的问题，并指出了当前我国公共图书馆在残疾人服务建设中的重点。但是应该说，部分成果还没有真正转化为实际应用，还有待实践检验。我们希望在未来的岁月中，能涌现出更多结合实际的研究成果，并争取将更多的研究成果应用于实践，使研究成果在具体工作实践中不断完善和提升。

在本书的资料采集与文献编纂过程中，得到了中国残疾人联合会李藜、周琴等同志的大力支持与帮助，在此表示感谢！

编　者

2018 年 5 月 1 日

第一章　研究综述

第一节　国内外文献研究综述

对残疾人文化需求的重视程度是一个国家文明程度的重要标志。党的十八届五中全会明确提出要坚持共享发展理念,实现全体人民共同迈入小康社会。现阶段,共享发展,特别是增加公共文化服务供给,是加快残疾人小康进程的关键一环。

图书馆是现代公共文化服务体系建设的重要组成部分,一直以坚持丰富社会公众精神生活、传播先进文化、不断满足人民群众文化需求、保障群众基本文化权益为宗旨,秉承公益性、基本性、均等性和便利性原则开展社会化服务,可见图书馆在知识利用和知识创造中承担了无可替代的桥梁作用。

1897 年,美国国会图书馆开始专门针对视障人士进行服务,最初仅设立盲文阅览室,后来发展成为全国范围内为残疾人提供服务的 National Library Service (NLS)。1868 年美国波士顿公共图书馆开始为盲人提供借阅服务,并于 1973 年通过《康复法案》确保残疾人享受图书馆服务的权利;日本于 20 世纪 70 年代成立图书馆协会残疾读者服务委员会和日本视力残疾者读书权利保障协会。我国残疾人服务起步较晚,20 世纪 80 年代之前,图书馆没有为残疾人服务的软硬件设施,与西方国家相比,我国图书馆界针对残疾人服务的理论研究也起步较晚,其中涉及残疾人服务综述的有蔺梦华 2007 年发表在《图书馆建设》上的《公共图书馆残疾人服务研究综述》和陆和建、康媛媛 2013 年发表在《图书情报工作》上的《近 10 年我国公共图书馆残疾人服务研究综述》,而关于中外残疾人服务对比的研究至今尚无人涉及。笔者以中国知网(CNKI)数据库为数据源,将检索时间限定在“2005—2015”,文献的检索范围扩展至“图书馆残疾人服务模式”。以“图书馆 + 残疾人”“图书馆 + 无障碍”“图书馆 + 盲人”“图书馆 + 残障”“图书馆 + 视障”“图书馆 + 听障”“图书馆 + 智障”“图书馆 + 残疾人 + 服务模式”等为主题进行检索,共检出 959 条记录,剔除不相关和重复文献,筛选出图书情报领域专门研究公共图书馆为残疾人服务的相关文献共 467 篇(检索日期为 2015 年 12 月 31 日)。对于国外有关图书馆残疾人服务的论文,本研究选取 EBSCOhost 数据库——图书馆、信息科学与技术文摘及全文库(Library, Information Science & Technology Abstracts with Full Text,简称 LISTA)为数据源,在“title”字段内输入检索词进行“并且”检索。检索词组合为 library + accessibility, library + blind, library + deaf, library + disability, library + disabled, library + handicapped, library + hearing impaired, library + hearing impairment, library + mentally, library + visually impaired, library + disabled + service, library + disabled + service-mode 等查找到文献 663 篇,剔除重复文献、不相关文献,以及非英语语种文献,筛选出 402 篇相关文献(检索日期为 2015 年 12 月 31 日)。

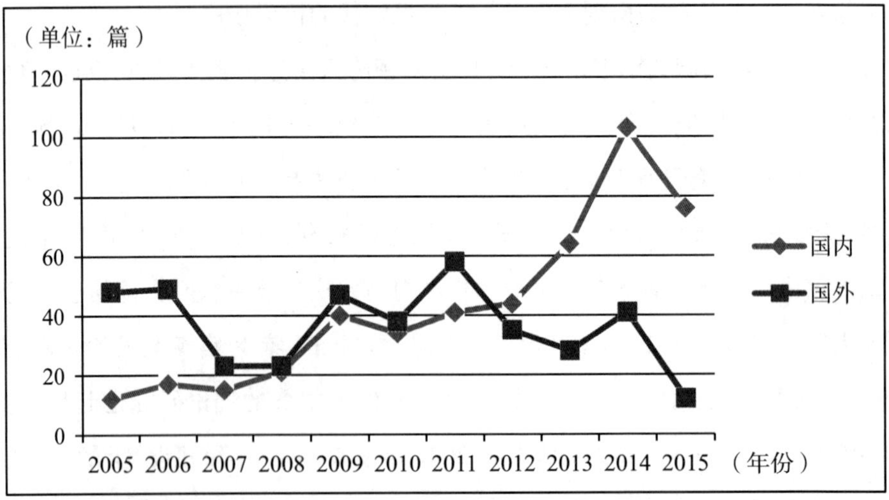

图 1－1　国内外关于图书馆残疾人服务文献的数量统计

论文发表的数量在一定程度上反映出与该研究主题的研究水平和发展情

况，如图 1－1 所示，从论文发表的时间密度上可以看出：①国内研究在 2008 年之前发文数量很少，说明在此段时间内残疾人图书馆服务尚未引起我国学者关注；②国内研究的高速增长阶段为 2008—2015 年，是图书馆残疾人服务的研究热潮期；③2015 年略有下降，但研究仍旧保持在高位。国外关于图书馆残疾人服务的研究文献数量在 2011 年之前明显高于国内，近十年内文献数量有所起伏，但仍有多个研究高潮。

总体来看，我国的研究整体起步较晚，但在社会权利意识的觉醒、国家相关制度的完善、残疾人获取信息服务的需求不断增长、社会各界对残疾人事业的重视等因素的作用下，业界专家对残疾人服务的相关研究与探讨逐渐成为图书情报学研究的新热点，与国外相比，我们走出了一条从学习模仿、成长繁荣，到齐头并进甚至局部领先的研究之路。

国内外关于图书馆残疾人服务的研究有以下几个热点：残疾人服务需求的实证研究、图书馆残疾人服务模式研究、图书馆无障碍建设研究以及残疾人服务的制度保障研究。

一、关于残疾人服务需求的研究

残疾人对图书馆利用情况的实证研究主要从原因和认知评价两个方面展开，在实证分析的基础上，对如何提高残疾人的图书馆使用意愿提供可行性建议。

国内研究中最具代表性的是王子舟教授承担的国家社科基金重点项目“弱势群体知识援助的图书馆新制度建设”，该研究团队在 2006—2008 年运用问卷调查法对北京市四个城区的 306 位残疾人进行了调查。调查结果显示，残疾人的阅读目的仍以休闲娱乐为主，但因自身生理条件的限制，阅读时间相对较少，阅读水平受文化程度和年龄影响较大。残疾人的图书馆使用热情高，但图书馆自身的位置因素、设施因素、服务因素等常成为残疾人图书馆利用的阻碍。研究建议图书馆应在馆舍布局、馆藏资源、设施和服务上不断完善，争取为残疾人提供更加具有针对性的服务①。

国外学者针对残疾人读者的需求调查开始较早，相关的实证研究已开始对调查对象和范围进行细分，如专门针对残疾人儿童的图书馆服务和残障、智障、视障等不同对象的调研分析。例如1987年Santi Gopal Basu面向美国五个区域的224个残疾人儿童发放调查问卷，共收到127份有用答卷。调查发现，残疾人儿童的图书馆使用率不断上升，特别是故事阅读、电影放映和手工制作等服务备受儿童青睐。在数字化服务方面，图书馆的残疾人信息获取服务也很有成效。但无障碍科技辅助系统的应用成果仍然不显著，相关设备设施仍不能满足残疾儿童需求，作者就此为图书馆残疾人儿童服务研究提出了可行性建议。2011年Viviane Folcher针对法国残障用户的数字图书馆Bibliotheque numerique pour le handicap(BnH)项目的用户进行了问卷调查和入户采访，作者总结出残障人士数字图书馆的发展瓶颈，并提出了解决方案，为使残障人士更好地融入社会指明了道路②。

由国内外的研究对比可以看出，一般都采用了问卷调查的分析方法。从研究数量上看，国内针对残疾人需求的相关研究明显偏少，调查问卷的投放对象大多面向全体残疾人，缺少调查对象的细分，也没有涉及不同地区残疾人需求的调查对比分析。

二、关于图书馆残疾人服务模式的研究

国内关于图书馆残疾人的服务模式研究起步比较晚，开始于20世纪末《中华人民共和国残疾人保障法》颁布后，自2007年开始相关研究大量增加，内容大多数为国外服务模式的简单介绍，创新性的服务模式研究较少。而图书馆残疾

---

① 邱奉捷，王子舟. 北京市残疾人阅读及公共图书馆利用情况的调查报告[J]. 图书馆，2009(3):50－55，61.

② FOLCHER V. Bibliothèque numérique pour le handicap (BnH): D'une connaissance des attentes des lecteurs à l'analyse des usages[J]. Bulletin des Bibliotheques de France, 2011(3):86－91.

人服务模式研究一直是国外图书馆界研究的热点,在本次调研的国外数据库中,该类主题的文献数量最多,仅在"题名(title)"项中,包括 library services,library service,services,information services 等词的文献数量达 188 篇,占总数量的 47%。内容涵盖传统服务模式和数字化服务模式。

图书馆残疾人服务模式的研究可以分为两个方面:

一方面,是从理论层次上进行研究,提出具有通用性与指导性的框架理论。刘玮归纳了国内图书馆残疾人服务的发展历程,提出图书馆残疾人服务的四种模式:"照顾模式""主动服务模式""权利保障模式"和"信息服务模式"①。Bae Kyung-Jae 针对视障人士提出了有声读物的泛在图书馆概念,并介绍了 LG Sangnam 图书馆组织开发的以发展面向未来的图书馆模式为目标的项目——LG 数字有声读物图书馆(LG Digital Talking Book Library)②。

另一方面,是从实践中对图书馆残疾人服务进行可行性研究,归纳、总结出图书馆开展残疾人服务的具体方法。吴红利通过图书馆网站对我国 31 个省级公共图书馆残疾人服务状况进行调查,分析我国公共图书馆残疾人服务中存在的问题,并从意识、形式、宣传推广等方面提出了对策性建议③。夏凡通过基本调查和网络普查的方法,针对服务经费、资源建设、人员配备、残疾人用户服务几个方面展开考察,调查结果以具体数据分析的方式显示了我国图书馆为残疾人服务水平④。

从整体来看,国内绝大多数研究方向是面向视障用户的,而有关听障群体、阅读障碍群体的专门性研究还很少,其他面向精神、智力障碍者的服务研究则更

---

① 刘玮. 关于残疾人图书馆建设和发展的几点思考[J]. 图书馆学研究,2008(2):16 - 19.

② BAE K J,JEONG Y S,SHIM W S,et al. The ubiquitous library for the blind and physically handicapped:A case study of the LG Sangnam Library,Korea[J]. IFLA Journal,2007,33(3):210 - 219.

③ 吴红利. 我国省级公共图书馆残疾人服务现状调查与分析[J]. 四川图书馆学报,2011(2):54 - 57.

④ 夏凡. 国内图书馆为残疾人服务基本现状调查[J]. 图书馆学刊,2008(1):102 - 104.

是欠缺。与此相对应，国外的服务模式研究分类细致，如针对听障人士，Susan Gilbert Beck 提出了“在线数据库”服务模式，用互联网信息扩展残障人士获取信息的能力①；Maria A. Camaratta 探讨了美国公共图书馆为智障人士提供的服务模式，并为图书馆工作人员的残疾人管理知识培训提出可行性建议②。

三、关于图书馆信息无障碍和基础设施无障碍研究

在传统无障碍服务方面，国内学者罗列了服务区域、服务活动、服务设施、馆藏资源建设四项指标，针对“无障碍、零门槛进入”的要求，提出公共图书馆应将无障碍建筑环境建设纳入图书馆立法体系，引入“多方参与”的设计理念，注重设计细节，对无障碍概念加入通用设计理念。如曹雪梅、卫孺勤提出图书馆应借鉴国外先进经验，从硬环境（入口、厕所、家具设施、盲道等方面）的无障碍建设和软环境（信息交流帮助、人性化服务、有针对性的专题服务）的无障碍建设角度提出公共图书馆的可行性措施③。

Nahid Bayat Bodaghi 等人从建筑师和残疾人角度调查了伊朗 14 个公共图书馆和大学图书馆建筑的无障碍硬件环境，包括停车、坡道、内部布局、专属空间、公共空间五个方面范畴。这五个方面问题的提出都基于美国残疾人法案以及国际图联发布的图书馆为残疾人设置的硬件设施清单的内容④。

在数字化无障碍服务建设方面，我国研究者在对我国盲人数字图书馆的建设成效进行分析的基础上，从数字资源提供、网页设计、学习支持服务和数字化宣传推广四个角度提出可行性建议。如李春明、陈力和张炜介绍了中国盲人数

---

① BECK S G. A galaxy of rustling stars: Places on the web and other library and information paths for the deaf [J]. Library Hi Tech, 1995, 13 (4): 93 – 100.

② CAMARATTA M A. Library service to people with mental challenges[J]. Public Libraries, 2009, 48(3): 6 – 12.

③ 曹雪梅，卫孺勤. 公共图书馆无障碍环境建设初探[J]. 图书与情报，2010(5): 131 – 135.

④ BODAGHI N B, ZAINAB A N. Accessibility and facilities for the disabled in public and university library buildings in Iran[J]. Information Development, 2013, 29(3): 241 – 250.

字图书馆网站的建设背景、服务对象和方式、资源建设以及无障碍技术的应用,提出要开展面向残障人士的数字图书馆技术指南和建设标准研究、探索资源共享与收割新模式、加强信息无障碍技术手段的开发与应用等做法①。江淑洁回顾了我国盲人数字图书馆建设的发展阶段,提出应通过加大盲人数字图书馆网站的宣传,建立盲人读者档案和信息反馈机制等措施来强化网站的服务功能②。相关研究在分析我国数字图书馆及电子图书发展现状的基础上,对如何做好数字图书馆数字资源无障碍设计进行了探讨,研究重点从电子图书设计、数字资源网站无障碍页面设计等技术层面逐渐深入到法规制定、标准制定等深层次研究层面。

国外针对图书馆数字化服务的研究主要从无障碍网页技术、无障碍个性化服务、无障碍资源获取角度切入,美国残疾人法案规定所有的图书馆服务、项目和活动必须对残疾人开放,图书馆数据库的无障碍获取和基于网络的索引和数据库建设是当今图书馆的一项重要内容。Ron Stewart 等人调研在线资源对残疾人的可及性和可用性,调查数据库的界面是否符合美国 508 条例标准以及 WCAG 标准,结果显示大多数索引和数据库界面符合无障碍标准,并允许执行检索任务,视障人士在辅助软件的帮助下能够操作这些数据库的界面,而文献内容无障碍获取则需依文献格式而定③。Suzanne L. Byerley 等人调查了两个常见数据库的文摘索引服务的无障碍获取,即 OCLC 的 Periodical Abstracts 和 Gale 集团的 Expanded Academic ASAP,调研这两个数据库是否符合 1973 康复法案 508 条例标准以及 WCAG 标准④。Adina Mulliken 评估了图书馆数据库的无障碍获取,

① 李春明,陈力,张炜. 中国残疾人数字图书馆建设展望[J]. 图书馆建设,2010(11):16-18.

② 江淑洁. 我国盲人数字图书馆建设概况[J]. 图书情报工作,2009(17):64-67

③ MIDDLETON K, STEWART R, NARENDRA V, et al. Accessibility and usability of online library databases[J]. Library Hi Tech, 2005, 23(2):265-286.

④ BYERLEY S L, CHAMBERS M B. Accessibility and usability of web-based library databases for non-visual users[J]. Library Hi Tech, 2002, 20(2):169-178.

即包括电子期刊、电子图书馆、元搜索引擎在内数据库授权资源的可及性[①]。Janet Hopkins 探讨了辅助技术在图书馆中的角色和作用,介绍了辅助技术的定义、运用辅助技术的原理、辅助技术对学校图书馆的重要性以及解决图书馆无障碍问题的建议[②]。

从传统图书馆到数字图书馆再到复合型图书馆,借助新渠道和新方式进行公共文化的传播与共享是图书馆无障碍服务发展的新趋势,必将促进残障人士文化事业的可持续发展。然而图书情报学界在这方面的研究仍然不够深入,国内业界关于国外残疾人数字服务的研究大多停留在理论层面,多为介绍与引进性文章,内容多以服务战略和服务进展为主,真正的研究性文章屈指可数。随着互联网技术以及各种新技术的出现及飞速发展,残疾人获取信息服务的需求不断增长,图书馆无障碍数字化服务研究成为图书情报学领域的研究热点将是必然趋势。

四、关于图书馆残疾人服务的制度保障研究

制约和限制图书馆残疾人服务水平发展的一项重要问题就是欠缺相关规范与制度。我国的《宪法》和《残疾人保障法》中都对残疾人的利益进行了表述,但关于图书馆为残疾人服务的政策性内容,只在部分地方性法规中做了简单描述,并没有列举出详尽的服务条例和落实措施,没有形成"法律—行业规范—图书馆内部规章"这样的政策体系。

国内涉及图书馆残疾人服务的法律与规范研究较少,主要代表为杨朝晖的《图书馆为残疾人服务可适用的著作权例外研究》,他强调著作权限制和例外可以为残疾人获取知识和信息提供法律保障,美国、英国和日本的著作权法对图书

① MULLIKEN A. Accessibility to library databases and other online library resources for people with disabilities[J]. Interface,2009,31(2):1.

② HOPKINS J. School library accessibility: The role of assistive technology[J]. Teacher Librarian,2004,31(3):15-18.

馆为残疾人服务可适用的著作权例外的内容和途径做出了明确的规定。我国的著作权法及相关法律、法规可以借鉴美国、英国、日本在此方面的先进经验,从扩大残疾人的受众范围、增加著作权例外的灵活性、制订图书馆主体资质认定标准、界定著作权例外可适用的版权作品类型及授权图书馆作为残疾人服务的第三方等五个方面展开①。

与国内对于公共图书馆残疾人服务的法律法规保障体系的研究空白形成鲜明对比,国外非常重视这个领域的研究,特别强调要注重加强版权保障措施,切实保护所承载资源的著作权。其中 Yoon Hee-Yoon 和 Kim Sin-Young 认为韩国目前的版权法易使残疾人获取信息受限,提出韩国应修改版权法以期改进韩国图书馆为残疾人的服务②。J. W. Roos 探讨了盲人图书馆在为盲人提供资源服务时所面临的版权问题及其他问题③。N. C. Pack 和 D. D. Foos 分析了美国残疾人法案(ADA)中与图书馆相关的条款内容,同时为图书馆如何适应 ADA 提出相应的建议④。D. Wilhelmus 分析了美国残疾人法案中与法律图书馆相关的条款,并从视障学生、律师及图书馆员的角度分析法律图书馆如何为视障人士提供无障碍服务⑤。

综上所述,我国研究者对图书馆残疾人服务的研究探索初显成效,实现了一定的理论积累,但与国外相比,仍然存在很多待发展和完善之处。

---

① 杨朝晖. 图书馆为残疾人服务可适用的著作权例外研究[J]. 图书馆建设,2014(9):22-24,29.

② YOON H Y,KIM S Y. On the improvement of the Copyright Law of Korea for library services for persons with disabilities[J]. Journal of Librarianship & Information Science,2013,45(2):140-152.

③ ROOS J W. Libraries for the blind as accessible content publishers:Copyright and related issues[J]. Library Trends,2007,55(4):879-916.

④ PACK N C,FOOS D D. Library compliance with the Americans with Disabilities Act[J]. RQ,1992,32(2):255-267.

⑤ WILHELMUS D W. Law libraries and the Americans with Disabilities Act:Making law libraries accessible to the visually impaired[J]. Law Library Journal,1994,86(2):299-310.

第二节　中外图书馆残疾人服务模式研究综述

近年来,国内外学者对残疾人服务模式问题进行了多角度的研究与分析,总结了不同的模式类型,取得了丰富的研究和实践成果。

一、中国的图书馆残疾人服务

国内图书馆在物理环境、文献资源和政策法规三个方面进行了探索。

第一,物理环境的无障碍建设。物理环境的无障碍建设是残疾人服务的基础条件,地方图书馆本着"全纳""融合"的服务理念和"非歧视""零拒绝"的态度和服务精神,保证残疾人能够自由地获取信息,并受到相对最小的限制①。根据《无障碍设施施工验收及维护》规范和《图书馆建筑设计原则》的规定,公共图书馆必须要设立盲道、轮椅坡道、无障碍出入口、无障碍电梯、声控自动门、阅览室轮椅席位、残疾人专用无障碍厕所(厕位)等残疾人专用服务设施。

大连开发区图书馆以盲人无障碍、自主、自助服务为理念,开展盲人数字阅读推广工作,设计全新的残疾人文化共享中心,创新空间设计,引入现代化自助服务设备,让盲人实现了自由阅读和自主感知。利用社区服务渗透进图书馆的服务流程中,举办盲人书画艺术展览、盲人象棋比赛、盲人用阅读终端使用培训等活动,向盲人读者发放听书机,帮助残疾人读者学习历史、文学、政治等多方面知识。

香港中央图书馆在其馆区的停车位中有划定的残疾人专用停车位,并附有清晰的无障碍标识,只要事先电话预定就可使用。从正门台阶处开始铺设盲道至地上一层,引导盲人读者到达大厅咨询台。大厅内有专供残障读者使用的电梯,电梯内控制升降的按钮均有盲文标识,而且都安装有楼层显示屏幕,为非视

---

① 王莉美,陈天伦,邱慧芳."全纳"理念下的公共图书馆残疾人阅读服务[J].重庆图情研究,2014(2):39－41.

障类残疾读者提供指引。各阅览室都配备有低位借还图书柜台，为乘轮椅的残疾读者提供方便，柜台边还设置有供残疾读者放拐杖的凹槽。所有开放式书架的间距都要保证轮椅能够自由活动，可升降阅读桌可以让轮椅进入阅览桌下，同时贴近桌面，方便残疾读者阅读。在礼堂、演讲厅、展览厅及报告室内设有专门放置轮椅的区域，并配有导听系统，帮助佩戴助听器的残疾读者收听演讲和报告。残疾读者专用的卫生间设有低位的洗手池和饮水器，墙上安装的镜子设置为倾斜状，更利于残疾读者使用，紧急求救按钮可供读者在情况紧急时发出呼救信号。联络通讯上，馆区配备有盲人电话和残疾人使用的低位电话。每个楼层在色彩设计方面都有所区别，通过不同的楼层地面及墙壁色彩，方便残疾读者认知各楼层功能①。

第二，文献资源无障碍服务。公共图书馆应针对不同残疾读者的心理、生理特点和信息需求，扩大采购与残疾人生活健康、社会福利保障、专业技能、法律保障等相关的文献资料。近年来台湾地区图书馆在视力障碍读者电子化图书资源利用方面取得不少成果。主要包括：通过制作、出版或者接受捐赠等方式征集到达近700种的视障资源，包括电子点字书、DAISY格式有声图书、MP3格式音频资源等；通过书目数据导入及系统整合建立"视障电子资源整合查询系统"，整合台湾地区各公共图书馆、高校图书馆，同时与台湾地区图书馆信息系统连接，为视障读者提供图书数据、期刊及博硕士论文书目信息延伸查询，与新竹清华大学"视障有声书通报系统"和爱盲基金会"有声书平台"连接，整合更多数据，搭建视障读者资源共享平台；举办出版物电子档案捐赠表彰仪式，以鼓励更多人参与视障资源制作；举行"视觉功能障碍研究优良学位论文奖助"颁奖，受理论文奖助申请，与图书馆学会联合举办论文发表会，推动图书馆视障信息服务业的规划与发展；开发用于IOS及Android系统环境的"视障随身听"APP，具备书目及借阅信息查询、点字书报阅读、有声书在线聆听及下载、视障资源在线学习等功能；筹

① 周长兴.香港中央图书馆的无障碍设计[J].建筑知识，2013(1)：1－4.

建“视障者定位及导览(引)系统”,结合定位系统、点字导览书签、楼层空间位置描述等,为视障读者提供“行动 + 语音”的图书馆各馆区的导引模式。

截至 2013 年 12 月,台湾地区县市级以上的公共图书馆有 98 所。就整个台湾地区来说,视障资源服务提供还不够普及。目前列举的几所公共图书馆提供的视障资源类型包括普通及数字化点字书、普通及数字化有声书、双视图书,根据台湾地区公共图书馆视障资源的类型统计数据,视障资源以有声书居多,约占视障资源总量的 39.2% ,辅助设备有盲用电脑、扩视机、录音机。各图书馆视障资源分布不均衡,台湾图书馆视障资料中心和台北市立图书馆启明分馆两家图书馆的视障资源占到了总量的 87% 。另外,台北市立图书馆、台南市立图书馆、高雄市立图书馆通过建立图书馆分馆的方式,为残障读者提供更加完善的服务。

第三,无障碍法规建设。公共图书馆是社会重要的文化教育机构,要贯彻“全纳”“融合”的服务理念,保障残疾人信息交互全纳无障碍,真正实现“开放”“平等”的图书馆精神。在法律法规的建设方面予以强化。例如,香港特别行政区将未获版权所有人许可而制作或印发图书、杂志、期刊等版权作品的行为定性为犯罪,视情节轻重判以罚款及监禁,但为方便残疾读者使用作品复制件,则无须负民事或刑事上的法律责任,香港特别行政区于 2007 年修订的《版权条例》专门面向阅读残障人士、教育界及公共阅读机构做出了版权豁免规定。该条例规定,包括失明人士、视力受到损害而不能依靠矫正镜片来改善视力的人士、由于身体残障以致无能力手持或翻阅书本的人士、由于身体残障以致眼睛无聚焦或移动能力的人士在内的阅读残障人士,可以制作特别版本的版权作品复制件供自身使用,包括点字、大字体、电子版本或声音记录等形式,本身不构成侵权。不过在制作复制品之前,制作人应该先做出合理查究,以确定无法以合理的商业价格取得特别版权的复制品,然后才可以进行复制。此项规定同样适用于包括非牟利学校、公立学校、宗旨属于慈善性质,或在其他情况下以促进阅读残障人士福利为务的组织在内的指明团体,指明团体还应在制作或向阅读残障人士提供复制品之前或之后的合理期间内,通知版权所有人。福利机构可以就特别版本的复制品收取费用,但款额不得超过制作和供应复制品所需的实际成本。

二、美国的图书馆残疾人服务

美国公共图书馆的残疾人服务主要采用“层级化”“共享化”“信息化”和“个性化学习支持”的服务模式。

1.“层级化”“共享化”服务模式

从法律层面上看,美国公共图书馆残疾人法律法规制度保障体系由国际法、专门法、相关法、行业规范等组成。美国是《残疾人权利公约》等国际条约的签署国;专门法有《国会图书馆法》《图书馆服务与技术法》及联邦各州通过的《图书馆法》起到骨干和核心作用;《康复法》《版权法》《邮政法》作为相关法,从信息无障碍环境的建设和完善、残疾人服务资料的版权使用权限、为图书馆和盲人提供免费邮递等方面,为残疾人图书馆服务提供便利和补充;美国图书馆协会(American Library Association,ALA)制定《图书馆残疾人服务政策》,作为图书馆行业的标准规范,指导残疾人服务的有效开展。以上法律法规制度形成了相互支撑的完备体系,而且条文具体,可操作性强,同时随着社会需要不断进行修订和完善,为残疾人图书馆服务提供了有力保障。

在专业机构设置方面,美国国会图书馆残疾人服务中心(The National Library Service for the Blind and Physically Handicapped,NLS/BPH)创建于1931年,是一个目前覆盖美国各州、哥伦比亚特区、美属维尔京群岛等相关图书馆的全国性残疾人服务网络,面向所有美国居民和定居海外的美国公民,提供免费的电子书刊资料、音频材料、盲文书籍资料以及特别播放设备的借阅服务①。其使命还包括:选择、采购、分配相关书目,建立标准质量体系,对志愿者进行培训、指导和协调,管理馆际合作项目,向各网络合作图书馆提供指导方针和程序手册等。NLS合作图书馆网络包括2个跨州中心、56个地区图书馆(包括43个州立图书馆机构,

① 万琪,华薇娜.美国公共图书馆残疾人服务及对我国的启示[J].新世纪图书馆,2015(9):73-76,96.

13 个职业康复机构）、45 个副区域图书馆、11 家咨询推广机构和 4 个独立的机器外借机构①，并经《国会图书馆法》以法律形式授权，由 NLS 负责对图书馆网络进行宏观管理和调控。NLS 还与国家邮政局合作，为残疾读者提供免费的文献借还邮寄服务，读者离开国境之后，只需将在境外的新住址、所需资料及设备通知“海外服务图书馆员”，便可继续享受 NLS 的免费邮寄服务。NLS 设立有专门的音乐部，为美国境内的残疾人提供盲文及大字体乐谱、音乐期刊、教科书，剧本、录音带等，其中部分由 NLS 从市场购买，部分经版权所有方许可后由 NLS 制作。居住在国外的残疾读者可以通过国际馆际互借协议享受服务。美国对于残疾读者提供的服务还包括，通过拨打图书馆的热线电话就可以免费收听每日新闻的音频版本，提供专门的广播接收器，出版与读者加强联系的实时通讯物等。对于智力障碍或者认知障碍读者，图书馆提供通俗易懂、附有实例和插图的书刊资料，还通过布偶玩具、幻灯片等辅助教具，帮助读者学习普及各种常识，提高认知能力。

从层级化服务分工角度看，NLS 的服务对象由早期的盲人逐步扩大到因身体或视力限制而无法使用或阅读传统印刷资料的人，最后扩大到存在阅读障碍的所有人群。NLS 还明确了各类服务对象的认证机构。联邦各州也根据实际情况，进一步扩大服务对象范围，如马萨诸塞州规定为包括视力、精神、身体、情绪各种类型的残疾人建立和发展图书馆服务，威斯康星州规定了服务对象的权威认证机构，残疾人士需要通过申请认证成为图书馆的专门服务对象。由于美国联邦制的国家结构特点，各州管理内部事务的自主性较高，各州图书馆法授权管理和服务残疾人的机构尽管不同，但都有明确的归口管理单位。如马里兰州等大多数州将归口单位确定为州图书馆委员会或类似机构②；佛罗里达州规定盲人

---

① Report of the National Library Service for the Blind and Physically Handicapped[EB/OL]. [2017 - 03 - 12]. http://www.loc.gov/nls/other/congressreport.html.

② 刘玮. 基于盲人和残障人士服务的美国州图书馆法探析[J]. 图书馆学研究，2015(3):93 - 96.

康复事务管理局负责统一计划、监督和执行残疾人服务的项目;亚拉巴马州将成年盲人和聋人部门作为独立的管理机构,独立拨款和运行。对服务对象和管理主体的明确,将有利于权责清晰,保证工作的效率和质量。

从人才队伍的建设方面看,图书馆员的培养也采用层级化、专业化的培养模式。对图书馆员采取资格认证是美国大多数州采用的方法,由美国图书馆协会认证的学院颁发的硕士学位是图书馆行业资格的最低从业标准。对专业工作人员的培养分为三类:一是积极鼓励残疾人进入图书馆学校学习,接受图书馆教育和职业培训,从事图书馆职业;二是要求大学里面从事图书馆情报专业的硕士研究生必须学习与残疾人有关的法律、残疾人用户需求、无障碍问题及辅助技术,为将来从事残疾人图书馆服务做好准备;三是对图书馆所有的雇员和志愿者提供培训,使他们学会相关技能,解决影响残疾人服务的问题,并与残疾人同事和谐共处。专业馆员熟悉残障读者使用的特殊设备操作,并要掌握盲文知识和一般手语。除了专业图书馆员的培养外,NLS 还注重对志愿者的培养,负责对全国的志愿者进行培训、指导和协调,作为对专业馆员的补充队伍。NLS 与志愿者组织合作认证盲文誊写员和校对员,志愿者提供的服务包括合作网络图书馆播放设备的修理、盲文的转录和校对、函授课程的授课等。

2.“信息化”服务模式

随着现代信息技术的发展,美国面向残疾读者的信息化服务模式也日渐成熟,从制度设计到技术优化,从对用户需求的持续调研和有效满足到专业服务人员队伍的培养,构建了制度、技术和人三个层面相互支撑、有机统一的服务模式。例如,西雅图公共图书馆为因年龄、残疾或者因患有 6 个月以上疾病而不能经常去图书馆的居民提供送书上门的流动服务车服务,通过拨打专线或者发电子邮件给指定的咨询馆员,即可申请此项服务。厄巴纳公共图书馆对由于身体原因不能到馆使用文献的读者提供邮寄到家服务,志愿者也会每周一次将根据读者兴趣选择的书籍送上门。对于居住在疗养院或者养老院的读者,工作人员会帮忙申请。波士顿公共图书馆为读者提供包括篮球联赛、橄榄球联赛、棒球联赛赛程的盲文读物，提供将印刷体文献转换成有声文献的制作服务，在少儿馆，设置有帮助认知障碍儿童的认知墙，安排有认知故事时间和医疗犬参与的活动。信息中心还为读者提供多用途电脑使用区，配备有盲文翻译软件、普通文字—盲文转换软件、盲文笔等。

美国的公共图书馆还注重先进技术的研发与应用。NLS 于 1999 年启用网页点字系统，为视力障碍读者提供利用互联网获取服务，2002 年启动“国家盲人联盟新闻热线”和“图书共享”计划①，与国家盲人联盟合作，致力于残疾读者服务数字化。近年来，为使其产品和服务保持高质量的水准，NLS 注重技术的研发和先进系统的使用，研制了盲文音频下载系统、书目和编目系统、详细目录控制系统、读者登记和传递系统、超额和重新分配系统、产品库存控制系统等，通过以上系统，可以进行读者用户的信息管理、图书流通及馆藏管理，跟踪控制 NLS 自有设备在读者中的使用情况，还可以实现文献资源再分配，从资源过剩地区转移到资源不足地区，实现相关资源的合理均衡使用。NLS 还顺应时代发展，推出“口袋图书馆”②，增强交互和阅读体验，通过下载应用程序、连接盲文点显器等，让残疾读者通过手机等移动设备享受到便捷的图书馆服务。

3.“个性化学习支持”服务模式

美国对残疾人的图书馆服务，一开始就注重以用户需求为导向。在服务需求方面，NLS 设立有用户关系部，负责调查读者的兴趣和需求，并向 NLS 和合作网络图书馆反馈，提供决策上的参考，保证 NLS 充分考虑到残疾人的用户愿景的所有方面，同时建立与维护与残疾用户或群体互动的联络人机制，向读者传播相关服务信息。在决策管理方面，各州注重残疾人参与图书馆服务的相关决策、建议、意见和评价，如加利福尼亚州规定，13 名图书馆委员会成员中必须包括一名残疾人，代表残疾人的利益，尊重和保障保证残疾人在图书馆服务决策中的平等

---

① 夏凡. 美国图书馆界为残疾人服务的基本现状[J]. 图书馆杂志，2006(7)：59－61.

② 刘玮. 美国国会图书馆 NLS 为残疾人服务新进展研究[J]. 图书馆工作与研究，2015(3)：13－16.

权和话语权。在评价治理上,以残疾人对图书馆服务和项目的满意度为重要指标之一;结合图书馆的自我评价、外部评价,公开评价结果,以增强服务的针对性和有效性;改进项目和服务的规划、执行和评估,以体现服务的民主性、科学性,建立咨询—决策—评估的科学机制。在信息的提供方面,除了残疾人阅读的图书、音视频资料外,与残疾人发展有关的资料也被列入其中。

三、日本的图书馆残疾人服务

在日本,公共图书馆面向残疾读者提供服务的起步较早。1970 年,日本视障读者权利保障协会成立,为保障视力障碍群体的阅读权利积极开展活动。日本国立国会图书馆自 20 世纪 70 年代开始为残疾人提供图书馆服务,关西馆虽然和位于东京的本部分处两地,但按照日本《国立国会图书馆法》的规定,同是国会图书馆的核心组成部分。关西馆下属有事业部图书馆协作科,专门负责残疾人专用的盲文图书、录音图书的综合目录建设,同时开展学术文献录音资料制作的企划及外借服务①。目前日本国立国会图书馆为残疾读者提供的服务包括一般资料的检索、阅览、复制服务,学术文献录音图书,视障读者使用数据发送,网站主页及在线答疑服务,以视障读者为对象的馆际互借服务等。为落实消除残疾人歧视的相关法律法规规定,日本国立国会图书馆于 2016 年 3 月出台了《关于国立国会图书馆消除残疾人歧视的应对方法》从禁止不适当的差别对待、提供合理关照、监督者责任、惩戒处分、商谈体制整备、研修启发等方面做出了规定,同时附有对相关名词解释和界定的注意事项作为附则。

1. “共建共享”的服务模式

日本有三大共享系统,一是视觉障碍者综合信息网络系统(SAPIE),由日本盲人图书馆管理,全国视觉障碍者情报提供设置协会运营。截至 2015 年,会员已经超过 290 个,包括盲人图书馆、公共图书馆、大学图书馆、志愿者团体等,拥

---

① 勾学海. 日本国立国会图书馆关西分馆建设始末[J]. 四川图书馆学报,2003(6):53－55.

有 13 000 多名存在视觉障碍的个人用户。该系统主要集合了会员团体制作或收藏的资料目录以及盲文、录音图书的出版目录,会员也可以通过系统的在线需求实现图书的外借。2014 年 6 月,日本国立国会图书馆与 SAPIE 图书馆实现系统的互联互通,共同向用户提供文献传递服务。个人及团体用户登录后,可对国内的各所盲人图书馆、公共图书馆及国会图书馆制作的数据进行一站式搜索。二是由日本国立国会图书馆建立的《点字图书・录音图书全国综合目录》,可供读者对图书馆制作收藏的录音图书、盲文图书信息进行检索,图书馆之间可以图书互借,还开放了专用的搜索引擎,截至 2015 年,成员馆达到 239 家①,包括日本国立国会图书馆。三是国立情报学研究所的联合目录系统(NACSIS-CAT)主要由高校图书馆及海外机构参加建设,以弥补各高校馆藏资源的不足,实现高校图书馆文献资源建的共享,其中也有不少残疾读者专用的文献馆藏。

在法律法规建设方面,为了在全社会的协助下为视障读者提供更加坚实有效的服务,日本国立国会图书馆于 2014 年制定《视障人士服务实施计划 2014—2016》,内容包括针对视障读者使用资料的综合搜索,制作、外借学术文献录音 DSISY 资料,实现关西分馆、东京本馆及国际儿童图书馆之间的视觉障碍读者使用资料的馆际互借,学术文献录音的媒介变更,确保官方网站及为视障读者提供信息网页的可获得性,进行面向视障读者的可获得性相关调查,收集、保存、发送其他图书馆制作的视障读者使用数据,与视觉障碍者综合信息网络系统(SAPIE)图书馆开展协作,有关数字资料文本化及文本数据发送工作的研讨等②。

日本图书馆相关法律主要以《国立国会图书馆法》《图书馆法》《学校图书馆法》为主③,同时有文部科学省等各行政职能部门制定的《残疾人基本法》等 30

---

① デジタル時代の視覚障害者などサービス[EB/OL].[2017 - 11 - 26]. http://www.ndl.go.jp/jp/aboutus/cooperation/pdf/2015theme1_japan.pdf.

② 刘博涵,刘弘毅,王薇.日本国立国会图书馆残障读者服务的现状及启示[J].山东图书馆学刊,2016(5):36 - 40.

③ 冼君宜,盛小平.日本图书馆法律制度体系及其作用分析[J].图书情报工作,2014(10):49 - 54.

项法律法规来保障残疾人具体权利的落实①。为了免除公共图书馆为残疾读者制作、提供有声读物方面的版权制约，日本于2009年新修订了《著作权法》，给予公共图书馆更大的豁免权。除盲文图书馆外，包括公共图书馆、学校图书馆在内的机构都可以无须征得著作权人许可制作有声读物，除录音制作外，还可以进行对文字图画进行扩大化处理、制作多媒体图书和触摸绘本等可供视觉障碍者等人群使用的必要方式，公共图书馆可以制作各种形式的残障文献资源，并可以将相关数据进行网络传播和转让。

2.“信息无障碍化”服务模式

日本将残疾人称为“障害者”，面向残疾人的图书馆服务重在减弱乃至消除各种有形无形的障碍，让残疾读者顺畅获取知识和信息。在法律法规上，日本于20世纪90年代先后出台《视听残疾者情报提供设施与助残器具制作设施的设备及运营基准》《关于促进高龄者、障碍者等利用特定建筑物顺畅化的法律》，设定了盲人及听力障碍者图书馆服务机构设施设备运营的标准，要求图书馆对无障碍设施进行改造，以促进残疾读者接受图书馆服务的顺畅。在图书馆服务环境建设上，从图书馆的残疾人专用车位、停车场到出入口无障碍坡道的设置，从咨询台、报告厅、借还书处、阅览室到电梯、卫生间乃至各楼层平面图的设计，都会考虑到残疾人的特殊需求，如将盲道铺设至咨询台，报告厅内设置导听系统及轮椅停放位置，启用残疾人专用电梯和卫生间，配备报警和紧急呼叫装置，电梯和借还书处配置适合残疾人操作高度的低位操纵板、柜台，阅览室书架间距为轮椅活动留足空间，平面图增设点字说明等，从方方面面人性化的设置细节让残疾人服务无障碍。在网页设计上同样考虑周到，图书馆主页为残疾读者提供有声输入、有声网页听读版本，为所有有含义的图片、链接、表单、文档等添加便于理解的同等含义的提示文字，通过读屏软件为读者播放。

同时，日本图书馆积极利用现代技术提供信息服务。日本政府重视对残疾

① 崔健.日本公共图书馆的残障读者服务及启示[J].国家图书馆学刊，2014(4)：23－26.

人利用现代化设备获取信息的服务,曾在国家修正预算中专门设立“IT讲习推进特别交付金”①,用以推动为残疾人购置更多设备,向残疾人讲授有声化软件、点译软件、数字机器等相关设备的操作使用方法。图书馆也会在预算中增加残疾读者现代化技术设备的资金,加大投入。大阪府立中央图书馆为读者提供的信息服务包括:将计算机和图像扫描器连接,利用 OCR(Optical Character Recognition)光学文字读书装置扫描活字本图书,计算机发出声音朗读;通过计算机通信软件和有声化软件的系统合成,为读者提供藏书检索 OPAC 的有声化,同时颁布“视障读者用计算机软件利用服务实施要领”,帮助读者掌握技术要领;推广计算机点字软件和通信点译网络;按照国际标准,开展录音图书资料的数字化制作;将辞典制作成可发出声音的画面以及 CD-ROM 格式。为了探索馆藏数字化文献在视障服务方面的有效利用途径,解决文本化资源付诸实际应用的难题,2015 年 4 月,日本国立国会图书馆与日本盲文图书馆协作实施“无障碍电子书籍制作实验项目”,通过图书校对系统中的多个 OCR 结果的比较功能和共同校对界面,有效提供馆藏数字资源文本化的精确度。

3.“特色化”“定向化”服务模式

为拥有身体障碍手册的视觉障碍者开展面对面朗读服务,是日本的一大特色,该方式亲和力强,效果好,受到读者的欢迎。根据 2014 年统计,日本东京各图书馆接受面对面朗读的残疾读者达到了 5759 人,实行了总计 13 931 小时的当面朗读服务②。在服务流程上,希望接受此项服务的用户需要提前一周进行申请,由图书馆工作人员与朗读者进行时间上的协调。朗读者可以是图书馆的专业职员,也可以是受过培训的志愿者,朗读的地方可以在图书馆专门的朗读教室,也可以在读者的家中。朗读的内容包括来自图书、报纸、杂志上的内容,或者根据读者的需求量身定制,如信件、明信片、家用电器和机器的使用说明等生活

① 吴玲芳,戴丽. IT 时代日本公共图书馆为视障读者的信息服务[J]. 图书馆,2003(1):87-88.

② 陈婧,臧可,邓亚. 日本图书馆残障读者服务探析[J]. 图书馆建设,2016(1):61-66.

相关的内容。志愿者并非都是无偿服务,如东京市板桥区图书馆规定志愿者进行面对面朗读或者录音服务时,填写朗读记录券,以小时为计算单位,最后按月结算为志愿者提供薪酬。

另外,日本图书馆专门面向残疾读者开展专业知识技能培训。由于残疾读者自身的生理缺陷,在直接阅读、听取书籍或音频资料方面存在困难,需要借助一定的方式或者辅助设备获取信息,因此,对残疾读者进行知识和信息的获取方法培训就显得尤为重要。日本重视对残疾读者的知识技能获取培训,主要包括对视力障碍读者进行盲文的学习培训,以及对听力障碍读者进行手语的学习培训。根据2010年10月的统计,在日本有76.1%的视觉障碍者不会盲文,日本许多图书馆设立了盲文教室和盲文课堂,并通过一对一的课堂教学和个性化授课、举办盲文研讨会等方式,帮助视觉障碍者逐步学会盲文;同时还开设了帮助视觉障碍读者学习电脑操作的课程,通过将画面用声音读出来的转换软件,视觉障碍者就可以用电脑进行写文章等基础操作。同样来自2010年的统计数字,日本有68.8%的听觉障碍者不会使用手语,图书馆开设了专门的手语课堂,通过举行手语交流会、为听觉障碍者用手语讲故事、连环画、唱手语歌曲、播放带手语的视频或录像带等方式,提高听觉障碍者的手语使用水平。

日本图书馆协会设立有残疾人服务委员会,专门负责为利用图书馆有障碍的残疾人提供服务,在关东、关西地区设有子委员会,曾经举办过五次规模较大的面向残疾人的问卷调查,以摸清残疾人图书馆需求,提供更有针对性的多元化服务。问卷调查对象从早期的视力障碍、听力障碍、肢体残疾扩大到了包括智力障碍、精神障碍在内的群体,也折射了图书馆面向残疾读者服务群体的变化。在推动多媒体数字无障碍信息系统的研究和传播方面,日本残疾人康复协会起到了重要作用,协会制作多媒体数字无障碍信息系统(Digital Accessible Information System,DAISY)图书,致力于相关产品的研究与开发,并为图书馆员、教育人员、儿童学习障碍家长联合会的成员、康复协会的支持者以及残疾读者举办研讨会和培训班，介绍推广图书制作信息及系统播放器的使用说明①。

目前日本面向残疾读者提供的服务主要包括：盲文及音频资料的外借和邮寄，利用自动朗读器、电脑语音或人工提供的朗读服务，通过电话、电子邮件、传真、网络等提供的参考咨询服务，帮读者代找书刊、复印服务，志愿者或者图书馆工作人员上门服务，手语教学，馆际互借服务等。在服务人员队伍上，日本建设了兼职、专职、委托馆员与志愿者协同服务的队伍，同时积极支持职员进行研修培训，如资料转换技术的学习、盲译团队例会等，以提高工作人员素质和能力。

四、加拿大的图书馆残疾人服务

加拿大图书馆界面向残疾人提供的图书馆服务主要由公共图书馆和高校图书馆组成。加拿大多伦多公共图书馆（Toronto Public Library，TPL）是北美地区最大的公共图书馆系统，截至2013年，拥有覆盖大多伦多地区的98家分馆，注重维护残疾读者的文化服务权益，为读者提供包括口述映像、大字体出版物、盲文点字图书、有声读物、带隐藏式字幕的音像资料在内的特殊馆藏，而且注重馆藏资源的及时更新和高流通率。在各分馆为残疾读者提供服务的同时，其主馆在首层设立了专门针对残疾读者的服务中心，通过专业馆员为读者提供设备、馆藏及其他服务。除主馆外，TPL还指定北约克分馆作为残疾读者服务承担馆，在建筑设施、辅助设备、特殊馆藏及专门馆员的培训方面给予两个承担馆更多的支持和保障。同时TPL与加拿大国家盲人协会（Canadian National Institute for the Blind，CNIB）在馆际互借、馆员培训等方面展开多种形式的资源共享、业务合作。为了便于工作的具体开展，TPL于2010年出台了《TPL便利残疾读者政策》，涉及图书馆部门运作、服务环境营造、服务资源和设备提供、志愿者服务、读者意见反馈等方面，政策体现了公平和平等的价值观，要求图书馆各机构及工作人员充分尊重残疾读者。政策的指导方针包括关于对导盲犬等服务动物的需求。该项政策

---

① 陈兰，姚炜. 多媒体数字无障碍信息技术与日本为阅读障碍人群服务的实践[J]. 图书馆建设，2008(6)：74－76.

的出台充分参考了与残疾人服务有关的其他法律法规,这样既与立法精神保持一致,又使服务政策具有针对性。其中包括:《安大略省残疾人便利法案》保证所有公民在各种社会活动中享有平等的权利;《关于残疾及帮助责任的政策指南》对残疾人群进行定义并分类;《网站内容便利性指南》为建设适合残疾读者使用的网站提供指导。

1."移动化"服务模式

加拿大面对残疾读者的服务方式较为灵活,充分利用便捷的移动服务,突破图书馆的传统物理界限,同时积极开展对外宣传与合作,将图书馆服务主动送到有需求的读者家中,构建主动服务模式。

加拿大国家盲人协会图书馆是公共图书馆服务的代表,该协会于20世纪30年代在全国建成了六个图书馆分馆,初步形成盲人图书馆服务网络。1998年该图书馆计划将全部馆藏数字化,创建视障读者数字门户,2002年协同微软公司构建集成数字图书馆系统,专门为视障群体服务。该图书馆还是加拿大最大的可替换格式文献资料的专业制作机构,可以将教科书、图表、文件乃至菜单、日历等任何印刷格式的资料转录成适合残疾读者阅读的格式,同时制作标准化有声数字读物。加拿大各高校图书馆都设立有专门的残疾学生服务办公室,为服务馆员提供经费,加强残疾学生与图书馆的联系,为残疾学生提供技术性、服务性支持,图书馆会选派专门的工作人员为残疾学生提供书目检索、参考咨询、文献借阅等服务。为了方便残疾读者在线检索书目,由加拿大图书馆和可替换格式资料生产者共同制作可替换格式资料联合目录,包括盲文及大字体图书、音频及电子格式等类型文献资料,供650个加拿大图书馆的读者使用①。

为了充分体现获取信息"平等和公平"的价值观,让行动不便无法去图书馆接受服务的特殊人群也能享受图书馆服务,TPL开展了移动图书馆活动,分为

① 夏凡,郜向荣.加拿大图书馆界为残疾人服务之现状及启示[J].图书馆建设,2008(3):100-101,104.

“图书馆到家”“图书馆到敬老院”“图书馆到医院”“流动书车”①等服务，为由于年龄、疾病或者身体残障等原因，被长期限制在家中和敬老院的人提供馆藏文献的借还服务，读者可以通过网站或者电话申请，由馆员从馆藏地借出并打包，通过读者亲友代取或者邮寄方式寄给读者，看后归还图书馆；对活动范围被长时间限制在医院的病人及陪伴家属、医院工作人员，TPL 通过与医院合作建立专门阅览室的方式，让这些人能在医院内能够自由阅览；流动书车则根据读者的实际需求情况，将各类馆藏资源送至各个街区和站点，供读者借阅，同时提供咨询服务。

2.“国际合作”服务模式

注重服务宣传和对外合作，打造“国际合作服务模式”。“服务加拿大”是加拿大政府设立的专门服务包括残疾人、老人、儿童在内的不同群体的组织，民众可以通过访问该组织的官方网站、电话咨询、当面咨询等方式获取帮助②。2014 年，加拿大政府已经在全国设立了 600 多个可以为残疾人提供面对面咨询的服务网点，残疾人可以从该网点了解图书馆的相关服务信息。TPL 在每季一期的馆刊上为残疾读者服务开辟有专门的板块，通过推介各项针对残疾读者的移动图书馆、参考咨询等服务，吸引更多的潜在读者来图书馆。TPL 在官网上还建设专用的残疾读者便利服务博客，读者可以在博客上留言，向图书馆反馈服务过程中的意见建议，同时还可以通过博客获取图书馆最新服务信息。在高校，图书馆也与残疾读者保持着良好的社会合作，TPL 的合作对象包括志愿者团体、基金会、盲人协会、医院，合作项目包括相关资金募集、移动图书馆项目资助及开展等，高校图书馆的合作对象包括加拿大可视化网络，为残障读者提供电子图书、报纸等资料。

---

① 张婧，李晗，林宋珠，等. 加拿大多伦多公共图书馆残障用户服务研究[J]. 中国图书馆学报，2013(6)：86－100.

② 鄂丽君. 加拿大大学图书馆残疾读者服务现状及启示[J]大学图书馆学报，2014(4)：16－20，27.

五、俄罗斯的图书馆残疾人服务

成立于1920年的俄罗斯国立盲人图书馆是当今俄罗斯面向盲人服务的中心馆，其在全俄范围内构建了一个专业的统一服务网络。截至2014年，俄罗斯国立盲人图书馆下辖独立建制的盲人图书馆67个、分馆142个、图书流动站1186个，还包括视力障碍儿童寄宿学校图书馆109个，朗读小组2200个[①]，服务对象不局限于视障人士，还包括他们的家属以及在利用传统印刷文献及公共图书馆服务方面有障碍的其他类型残疾读者，为读者提供盲文文献、平版印刷文献、唱片、乐谱、磁带录音等音频资料，研究视力障碍的相关文献等。

俄罗斯图书馆的残疾人服务的主要模式为“基层推广”模式。

在资源建设方面，全面了解基层残疾人读者的服务需求。俄罗斯国立盲人图书馆通过问卷调查、口头询问、借阅数据分析等方式，了解读者喜欢阅读的文献类型、内容等阅读需求，并在采访文献时从读者需求出发购置文献。

在法律建设上，注重保护基层读者的需求。俄罗斯制定了《俄联邦残疾人社会保障法》《俄联邦图书馆事业法》，对俄罗斯盲人拥有获得专业信息文献的权利予以法律条文上的肯定。《俄罗斯联邦呈缴法》则规定全国的盲文专业出版社每年必须向国立盲人图书馆缴送盲文图书及专门文献。为了让工作更有效开展，俄罗斯出台了《俄罗斯联邦主体盲人图书馆工作规范》[②]，指出盲人图书馆最重要的工作方针之一是培养和发展视障人士的信息素养，因此要向读者做好图书馆资源和服务、检索系统及技术设备的推介工作。

在馆区规划和文献资源建设方面，注重全面性、层次性。馆区建设方面，一般考虑建设在视障人士多的居住区或工作地。在拥有不少于250个用户时建立分馆，在盲人图书馆指导下开展工作。如果不能组建分馆，通过建立借书点或者流动图书馆的方式，或者邮寄图书、送书上门的形式为读者提供服务。馆藏资源

---

① 孙姝慧. 俄罗斯盲人图书馆服务研究及启示[J]. 呼伦贝尔学院学报，2014(2)：33－37.

② 王林军. 俄罗斯的联邦主体盲人图书馆工作规范[J]. 西伯利亚研究，2013(5)：90－91.

方面，每年应更新不低于12%的馆藏，平版印刷文献包括大字号文献不应超过馆藏总量的35%。内容方面，为激励残障读者积极面对生活，盲人图书馆的馆藏文献要系统搜集保存关于盲人协会中的杰出人士以及在科学文化艺术等方面做出过重要贡献的残疾人生平的文献。工作人员安排方面，平均每250个读者有1个工作人员，而且工作人员应该擅长语文、残障儿童教育、信息技术等相关领域的知识，同时图书馆要保证工作人员的继续教育，学习信息技术及相关知识。资金来源方面，有来自国家、地区的专项经费资助，组织或个人的捐赠、资助，图书馆自身的经营活动收入。社会合作方面，规定图书馆应该和本地区的政府机关、企业合作，与教科文卫及社会保障领域的机构和非政府组织合作。如巴什基尔共和国盲人图书馆与乌法医学院盲人按摩技术教学机构合作，每年举行专家日活动，吸引医院更多的视障读者走进图书馆。布良斯克州盲人图书馆和当地盲人协会合作，组织志愿者协会和朗读小组为视障读者服务。

在宣传推广方面，注重贴近群众生活，走人文化、全面化服务路线。俄罗斯在盲人图书馆宣传推广上富有特色。图书馆会在广播电视及网络上投放公益广告，在路边放置醒目的海报，用盲文字体和大号字体制作适合残障读者阅读的服务宣传手册，通过以上宣传工作的进行，吸引更多的残障读者来到图书馆，同时树立图书馆的良好形象，引起更多人对残障读者及图书馆的关注和重视，也会吸引更多的社会组织、赞助者与图书馆合作。流动图书馆也是俄罗斯盲人图书馆推广服务的亮点，流动图书馆会在横幅印上“站在书堆上的猫头鹰”标志①，活动内容包括向小区、街道上的居民借阅图书，用照相、录像、光盘演示等科技手段进行图书推广，举行答题游戏、演出节目、比赛等与图书馆相关的活动，以吸引更多的读者进入图书馆，提高读者的阅读素养，激发视障读者利用图书馆和进行阅读的兴趣。

另外，举办相关比赛和阅读活动也是俄罗斯盲人图书馆吸引读者的方式。

---

① 王林军. 俄罗斯盲人图书馆宣传活动的特点及启示[J]图书馆建设，2013(12)：46－49，54.

特维尔州盲人图书馆参加“阅读的人”创作比赛，克麦罗沃州盲人图书馆与全俄盲人协会举办州“最好掌握盲文”比赛①，通过比赛的进行，推广图书馆阅读技能，还会定期组织和作家、诗人的座谈会，举办音乐晚会等，扩大图书馆的社会影响。俄罗斯还举办视障儿童出版物大奖赛，以提高出版物质量，加强视障儿童图书藏书体系的建设，组委会由俄罗斯联合国大众服务公约计划委员会、俄罗斯残协、俄罗斯国立盲人图书馆等多方服务机构组成；还会举办与残疾读者有关的学术研讨会、电话会议、协商会议及全俄残疾人读者服务部门会议，参与者包括文化部、教育部、卫生部及图书馆部门，以提高图书馆声望，促进业务交流探讨。

六、英国的图书馆残疾人服务

英国国家图书馆(The British Library)设有专职专岗负责阅览室的残疾人服务工作，基本上所有的阅览室都设有阅览小单间“Carrel”，备有一人用的书桌，供有特殊需求的读者使用，残疾读者优先考虑，使用需要提前预约。单间提供的服务包括特殊的视听需求、阅读辅助、优惠价格的影印服务等②。咨询台及阅览室都可以供读者轮椅出入，设有行动不便读者专座，提供可调节高度的书桌、替代键盘等其他辅助设备供残障读者使用。在图书馆的服务空间，危险区域设有语音提示，电梯及活动梯设有活动扶手，电梯内有语言楼层播报和残疾人专用按钮，阅览室的灯光可以根据读者需求调节，所有胶片和触摸屏均有音频和带字幕视频信息，部分服务提供手语支持。

英国国家图书馆的残疾人服务模式注重“独立学习服务支持”。

在残疾人的具体学习实践方面，制定专门指导方针。英国国家盲人图书馆(National Library for the Blind，NLB)与盲人协会实现合作，由国家文化传媒部资助，共同研制开发国家视障人士资源数据库，资料由全国 200 多家图书馆和相关

---

① 朱海英. 俄罗斯盲人图书馆阅读推广活动探析[J]河南图书馆学刊，2014(3)：36 – 38.

② British library[EB/OL]. [2017 – 06 – 28]. http://www. visitlondon. com/things-to-do/place/283871-british-library.

组织提供，视障读者可以通过网络在线获取；视力共享联合会与英国博物馆、图书馆和档案馆委员会合作，制定《视障人士图书馆服务：最佳实践方法手册》；国家盲人图书馆参与“开卷有益”读者发展运动，推广和丰富读者的阅读感受，与英国图书馆与信息专业人员协会、图书馆馆长学会、英国视障人士地方协会联合会等就视障读者利用图书馆和信息服务开展合作；开展“让图书馆听到你的声音”年度宣传活动，加强与视障读者的双向沟通；编写培训资料，帮助视障读者了解相关的志愿服务组织、可供读者使用的文献载体形式以及访问互联网的相关信息技术；由乌尔弗斯克罗夫特基金会资助，英国公共图书馆与专为视障人士服务的志愿组织合作进行“Gateway”项目①，使公共图书馆可以为视障读者提供更广泛的馆藏、信息咨询、培训等服务。

在相关法律法规方面，为残疾人的独立学习提供法律支持。注重保护读者平等阅读权利的全面实现，在法律规定的基础上，为读者提供身心愉悦的环境，充分尊重读者的隐私，构建人性化服务模式。英国《公共图书馆法案》规定公共图书馆应该向读者提供全面而有效的服务，在此基础上修正的《公共图书馆和博物馆法》更是进一步指明，图书馆应当为所有想利用图书馆资料或设备的本地居民提供全面、高效的图书馆服务，同时要在数量、种类和质量上满足成年人和儿童的一般需求和特殊需求，对残疾人图书馆服务的权利予以法律条文上的保障。《残疾人歧视法案》《特殊教育需求和残疾人法案》也都明确了为残疾人提供服务的义务，《法定缴存图书馆法》规定缴存图书馆应当为视障读者利用缴存副本提供方便。由国家文化传媒部制定的“未来的框架”计划，专门面向公共图书馆列出了针对视障读者的服务项目，为视障读者提供更完善的服务。

另外，在“独立学习服务支持”的过程中，英国图书馆非常尊重残疾读者的个人隐私保护。残疾读者在接受图书馆服务时希望能够得到平等公平地对待，获得人格上的尊重，因此对残疾读者个人隐私的保护对图书馆来说很重要。英国

① 肖永英，梁培文. 英国为视障人士提供的图书馆服务[J]. 图书馆建设，2006(4)：82－84.

《图书馆和信息专业人员的伦理准则》规定尊重读者的隐私与机密性；《图书馆与信息专业人员职业行为规范》提出要保护读者隐私，避免在工作中做出不道德的行为；《数据保护法》更是指出了用于个人信息保护的包括个人数据必须公平合法处理在内的8项原则①，同时规定未经许可，读者的个人数据不能告知他人，只有在合法或是如犯罪侦查等重要原因的情况下才能透露个人数据，为残疾读者的隐私保护提供了遵循的基本原则。

七、其他国家的图书馆残疾人服务

除了上述国家之外，其他国家和地区的图书馆在残疾人服务层面也开展了各具特色的工作。各国由于国情、经济水平、社会发展、科技水平等所处阶段的不同，在具体的服务方式上有所差异，但在实施理念上存在共性的地方，如针对读者需求提供的个性化、人性化服务，与志愿服务组织等开展深度合作，加强国家层面的统一规划指导，进行图书馆软硬件的升级建设，积极研发和利用现代科技设备等。

1.“扁平化管理”模式

“扁平化管理”模式是指在残疾人服务过程中尽量减少管理层级，形成一条最短的指挥链，利用最新的现代信息技术，形成顺畅的上通下达沟通渠道，提升图书馆的服务效率。

韩国成立了国立残疾人图书馆，指导全国公共图书馆开展残疾人服务。其下设志愿协作科和文献开发科，与国立儿童青少年图书馆、世宗市图书馆并列为韩国国立中央图书馆三大分馆，隶属于文化体育观光部，职能包括从国家层面制定图书馆残疾人服务的相关政策；收集、制作、整理并提供各种面向残疾人的文献；与国内外图书馆及有关团体合作，促进残疾人服务。其主要业务还涉及对图书馆员进行继续教育和研究，选定残疾人服务的区域中心图书馆，进行评估和奖

---

① 张雅琪，盛小平. 英国图书馆法律制度体系及其作用分析[J]. 图书情报工作，2014(10)：42－48.

励,推广残疾人信息资料室服务等。韩国国立残疾人图书馆为读者提供的特色服务包括:通过电话、传真等形式预约面对面朗读、画面解说、代写书信、手语翻译等一对一服务;通过出租车呼叫,到附近的地铁站接送读者的服务;对残疾人进行辅助机械使用方法及图书馆使用方面的培训。

新加坡国家图书馆管理局自2009年1月起,对因疾病或伤残等原因无法到馆的残疾读者开展送书到家的特殊服务"Project Deliver Me"①,参与者包括新加坡当地各大民间社团、机构与组织及志愿者,服务包括文献的选取、传递到返还的整个流程,所有借出的文献都必须在规定时间内返还图书馆。

2."多元化空间布局"模式

爱尔兰国家图书馆出于健康和安全考虑,轮椅使用者在乘坐直梯时需要一名工作人员陪同。在紧急情况下,行动不便的读者需要使用逃生座椅撤离主楼的主阅览室,到馆时有工作人员作详细介绍。为帮助听力受损的读者全面了解图书馆的服务内容和馆藏资源,爱尔兰国家图书馆在大厅安检台、阅览室咨询台和主展览区安装有听力环②。

西班牙国家图书馆的残疾人停车位不仅供残疾读者使用,也供本馆的残疾馆员使用,馆内提供两辆轮椅,在一层咨询台办理轮椅借用手续并提供馆员引导服务,阅览室内馆员可以安排行动不便的读者在靠近阅览室入口或者靠近出纳台的地方就座。

意大利罗马国立中央图书馆与其他7家国立图书馆共同承担意大利国家图书馆职能,在机构内的公共停车场设立供残疾读者使用的特别车位,与玛格丽特皇后盲人图书馆合作,建立罗马弱视教学咨询中心,促进弱视读者的教育和学术

---

① 新加坡国家图书馆管理局为残障人士提供特别送书上门服务[EB/OL].[2018-06-28].http://hbu128.chinalibs.net/Zhaiyao.aspx? id=117296.

② Accessibility in Our Buildings[EB/OL].[2018-06-28].http://www.nli.ie/en/access-facilities.aspx.

相结合，提供多学科的特别视觉教学材料①。

法国国家图书馆在官方网站上详细列有到馆公交路线，并提示该路线是否有台阶、电梯、扶梯，网页设有阅读帮助，可以把网页文字转化为音频；馆区外部设有声光指示的防滑路径及轮椅导轨，在阅览室里有为残疾人预留的特殊座位，更衣室中提供租借轮椅；特色服务包括为听觉障碍者提供手语和即时语音转录服务，为需要帮助的残疾人提供送书陪同服务；在举办展览时，为视觉障碍提供大字号的手册、语音讲解等设备，为听力障碍者提供手语讲解②。

阿根廷国家图书馆在馆区出入口及各阅览室内设有残疾人通道和无障碍卫生间③，视障阅览室提供的服务包括：通过网络、有声数据库或者借助咨询馆员朗读查询馆藏文献，查阅立体图表，记录盲文笔记等，除通过盲文系统查阅资料外，其余服务须提前预约。

澳大利亚国家图书馆设置有残疾人停车位及无障碍坡道，有相关指示牌，馆内电梯设有方便使用轮椅读者高度合适的控制面板，地下一层电梯厅对面有可以投币和使用电话卡的公共电话。本馆的一楼存包处可以借用轮椅。中心阅览室及报纸和缩微阅览室提供的设备有放大电脑显示屏图像的软件、大显示屏和滚动鼠标的电脑、屏幕阅读软件等，图书馆剧院、会议室和阅览室配备有换线感应系统，帮助使用助听器的访客加强声音效果④。维多利亚州立图书馆为读者提供轮椅借用服务，如果残疾读者在参加馆内收费项目时需要有人陪同，陪同人员可以持陪同卡免费进入，陪同卡是一种特殊的读者卡，可以向馆方申请。国家电话中转服务也是澳洲特有的针对听力障碍、语言障碍者的服务，残疾人员可以把

---

① World Heritage Encyclopedia. Biblioteco nazionale central di Roma [EB/OL]. [2018 – 04 – 24]. http://www. worldlibrary. org/articles/Biblioteca_Nazionale_Centrale_di_Roma.

② Accueil des personnes handicapées sur le site François-Mitterrand[EB/OL]. [2018 – 04 – 24]. https://www. bnf. fr/fr/accessibilite-preparer-sa-visite-la-bibliotheque-nationale-de-france.

③ Servicios [EB/OL]. [2018 – 04 – 24]. https://www. bn. gov. ar/biblioteca/servicios.

④ Facilities for visitors[EB/OL]. [2018 – 06 – 28]. https://www. nla. gov. au/visit-us/facilities-for-visitors/accessibility.

需要打电话的内容通过文字发给国家电话中转服务中心，中心工作人员根据文字内容帮忙打电话，再把电话反馈用文字发送给听力或者语言障碍者。

3.“个性化服务”模式

巴西国家图书馆自2008年起实施无障碍图书馆项目，以帮助视障人士和老年人在巴西国家图书馆使用纸质和电子文献资源。读者可以通过拨打专线或者发送电子邮件将需求告知图书馆，然后在约定时期携带身份证明到馆，在大厅咨询台完成身份验证后前往阅览室阅读。为保证所有读者享有同等且个性化的服务并最大化利用设备，无障碍图书馆开放时间为周一至周五的早十点到下午五点，每台机器预约保留时间两小时。工作人员为巴西国家图书馆和巴西无障碍组织合作培养，配置的设备包括电子阅读放大器、自助书籍阅读器、盲文阅读器、自动化书籍浏览器，特制键盘和鼠标，盲文打印机和有声阅读程序①。

法国国家图书馆为了让社会更多关注残疾人，为残疾人作者提供支持，由法国残疾人社会基金会和国家图书馆共同开设残疾人文学奖，推选出由残疾人创作或以残疾人为题材的优秀文学作品，图书馆负责筛选。“让文学容易接触”协会联合法国出版工会、法国国家图书馆、法国国家图书中心更新出版社图书，文字内容可根据阅读设备特性以最适于阅读的方式显示，方便残疾读者阅读，接触文学②。

智利国家图书馆设有残疾人通道及升降电梯，阅览室配置装有虚拟屏幕朗读软件的电脑，提供239种有声读物供读者外借。

肯尼亚国家图书馆为视觉障碍读者提供的服务包括：盲文书借阅，报纸和故事书朗读，把时新图书翻译成盲文，打字服务等。提供的设备包括有声书、有声

---

① Accessible library[EB/OL].[2018-06-28]. http://www.bn.br/en/services/accessible-library.

② 刘博涵，王小妹. 法国国家图书馆残障读者服务现状及启示[J]. 图书馆建设，2016(10):63-67.

电脑、闭路电视、盲文打印机、盲文和大字体书籍①。肯尼亚国家图书馆与视力障碍者服务机构开展合作,包括视力保卫机构、非洲盲文服务组织、肯尼亚盲人服务机构、国际狮子会等,其中国际狮子会在盲人和视力受损人士提供服务方面享誉全球。合作项目包括盲文翻译,向图书馆提供音频播放器和内置电子书的笔记本电脑,社会常识推广。音频播放器是一个移动电话大小的手动装置,存储2—4本录制好的有声书,可以和耳机一起使用。为了保证视觉障碍者能够获取社会常识,肯尼亚国家图书馆向读者提供有关毒品问题、青少年问题、艾滋病问题、宪法草案等相关问题的书籍。

第三节 图书馆残疾人服务模式发展趋势

随着科学技术地不断发展以及图书馆对残疾人服务地积极探索与实践,图书馆残疾人服务模式日益完善,呈现出如下的发展趋势:

一、从单一型到集成化

传统的图书馆残疾人服务模式结构比较单一,整体呈现粗放、被动、低层次的态势。公共图书馆的传统服务模式,一般是根据残疾人读者的阅读需要,对馆藏信息进行筛选,在筛选的资源上进行加工和整合,再提供给残疾人读者参考与学习。传统的服务模式文献资源传递速度较慢,灵活性欠缺,会耗费较多的人力和物力。在传播渠道上单一,以残疾人到馆服务为主要服务方式。

随着信息技术水平的不断进步和用户求知欲望的增长,残疾人群体对图书馆提出了新的信息需求,单一的一、二次文献的传递已经不能满足残疾人群体的阅读需要,图书馆的残疾人服务模式也向着多元化、多层次、集成化的方向发展。传统的残疾人信息服务模式是图书馆服务的初级阶段,而网络化、全方位、多角

① Organizational Structure[EB/OL].[2018-04-24]. https://www.knls.ac.ke/index.php/about-knls/organizational-structure.

度、多渠道、专业化、综合化、立体化的服务体系建设才是公共图书馆的新工作目标。

具体来说,在残疾人读者的需求分析方面,图书馆服务内容的设置提前考虑各类残疾人群体,变被动提供为主动配备,例如针对残疾人儿童的读物、针对年轻人的就业、社会关系类资料、针对老年人的健康指导等。在信息传播渠道方面看,单一的到馆服务已经远不能符合社会信息化发展的潮流,在利用网站、电视、广播、报纸等传统媒体进行传播的基础上,移动设备的应用已成为重要趋势,图书馆残疾人信息服务的传播渠道也应丰富化,充分利用移动设备,向残疾人读者提供文化信息服务。在服务内容方面,图书馆不再仅仅局限于传统的书刊提供服务,而将多种形式的信息主动送到读者面前,对信息进行深层加工,保证读者能够自助获取服务,让读者可以轻松实现信息检索、文件查询、联机检索、互动、专题阅览等。

二、从封闭型到合作化

传统的图书馆服务模式往往趋向单一化发展,注重本馆的辐射范围、覆盖面,关注每年出版物、数据库的变化情况,但往往在发展中没有协同合作与互联互通的观念,使得图书馆残疾人服务在发展过程中受地区等的限制,可能出现资源浪费、发展视野狭窄等问题。单一的、个体的图书馆服务,无论是从资源提供还是设备配备等方面来说往往力不从心,随着网络信息技术的发展,集成化的信息服务成为图书馆残疾人服务的新选择。

图书馆应打破传统的单一、僵化、封闭式的服务管理模式,要加强和其他公共图书馆,以及不同类型图书馆之间的信息交流和项目合作。尽可能多地联合不同单位,如大专院校、网络信息提供单位、科研机构等,打破行业界限,在信息资源、设备设施、网络空间使用、网络技术应用等方面实现协调合作,在保证资源共享的同时加强技术支撑与资金支撑。图书馆应跳出传统的文献提供服务的单一思维,用开放的眼光看待自身的定位,通过和不同机构建立联合体,提升整体信息服务能力，制定相关协作规范和利益分配标准，形成统一的残疾人服务监督和评价体系，不仅可以丰富图书馆馆藏资源，拓展残疾人服务空间、服务方式和服务领域，还能更好地引导残疾人读者的服务需求，满足其文化需求。

三、从被动型到人性化

传统图书馆服务模式往往局限于浅层次文献加工、书目查询、文献借阅的层面，对文献深度的挖掘程度比较浅。随着社会服务方式的丰富和服务观念的更新，图书馆开始突破传统的被动型服务模式，本着“以人为本”和“读者至上”的服务理念，针对残疾人读者提供特色专题服务。

首先，图书馆在不断提高信息资源质量的同时，应对残疾人用户的信息获取过程给予特别照顾，特别是对于一些有偿服务，应适当减免费用。

其次，随着网络个性化服务方式的发展，为满足残疾人群体的需求，图书馆应有针对性地开展个性化定制、自助加工、自助搜索的服务，提高服务效率。

最后，图书馆在资源深层挖掘等方面，应走在社会前列，专门针对残疾人读者的专业化服务应发展为高层次、深层次的知识服务，保证满足残疾人的各项信息需求，使服务向着全面、系统、个性化、人性化的方向发展。

公共图书馆在残疾人的信息服务过程中，应加强对残疾人读者的信息素养教育，提高其信息获取的能力。一方面对残疾人读者关于信息检索、信息搜集、资料整理、组织和利用的能力提供相关教育；另一方面加强残疾人读者的在线素质教育，提高残疾人读者利用互联网的能力。

四、从局部型到体系化

传统图书馆残疾人服务建设一直缺乏体系化建设，没有将图书馆的信息服务作为一项系统的工程来对待，导致服务模式上出现了固化、各自为政的现象。

在残疾人服务的新模式建设过程中，应重新规划并建立全新的残疾人信息服务体系。

一是要重新定位和配置图书馆残疾人服务信息资源,统一规划软硬件资源配备和完善服务空间。在图书馆系统中,统一规划馆舍、硬件、软件资源、虚拟环境建设等方面的问题。

二是要重新构建更加科学、合理的残疾人信息服务框架。以残疾人读者为中心构建集成式服务网络,让信息技术成为用户管理、资源提供的重要助力。

三是加强对残疾人读者的动态需求管理工作。通过对残疾人用户的动态管理,了解和把握资源建设、服务效能的方向,实现针对残疾人的资源、专项服务和技术的高效统一。

四是加强所有图书馆的信息服务组织和管理。引进专业服务人员和技术人才,对残疾人服务的数据标准和技术标准进行规范,通过残疾人读者的反馈意见来监督组织管理流程,评估整体服务质量。

五是开辟和扩充残疾人文化服务市场,通过市场化渠道,引进先进技术和设备,全方位提升图书馆的残疾人信息服务能力和水平,通过市场专业人员的联合培养体系建设,实现技术、资源、网络空间、盈利等方面的合理分配和协调。

第二章　我国残疾人生存现状

据统计，2010 年末我国残疾人总人数为 8502 万人，涉及近 3 亿家庭人口。如此庞大的残疾人/残疾人家庭的具体生活情况如何？其对文化信息的基本需求是否能够得到满足？他们有哪些阅读特点？其与图书馆等文化服务机构之间存在哪些服务需求？而图书馆又开展了哪些面向残疾人的服务？图书馆残疾人服务的开展情况和具体成效如何？基于此，本书编委会在文献调研的基础上，自 2014 年 5 月起开展了三类主题调研，分别是：针对残疾人实际生活状况的抽样案例调研、残疾人阅读需求及对图书馆服务需求的调研、我国公共图书馆残疾人服务现状调研。

第一节　总体概况

一、残疾人类型

根据《残疾人残疾分类和分级》的相关标准，残疾人按不同残疾情况主要分为视力残疾、听力残疾、言语残疾、肢体残疾、智力残疾、精神残疾和多重残疾。此外，各类残疾按残疾程度分为四级：残疾一级（极重度）、残疾二级（重度）、残疾三级（中度）、残疾四级（轻度）[①]。

中国残联发布《2010 年末全国残疾人总数及各类、不同残疾等级人数》中指出：截至 2010 年年底，依据我国残疾人占全国总人口的比例和各类残疾人占残

---

① 全国残疾人康复和专用设备标准化技术委员会. 残疾人残疾分类和分级：GB/T 26341—2010[S]. 北京：中华人民共和国国家质量监督检验检疫总局，中国国家标准化管理委员会，2011.

疾人总人数的比例,我国存在2472万肢体残疾人;2054万听力残疾人;1263万视力残疾人;629万精神残疾人;568万智力残疾人;130万言语残疾人;1386万多重残疾人;依照残疾等级,各等级人数分别为:重度残疾2518万人;中度和轻度残疾人5984万人①。

1. 肢体残疾②

人体运动系统的结构、功能损伤造成的四肢残缺或四肢、躯干麻痹(瘫痪)、畸形等导致人体运动功能不同程度丧失以及活动受限或参与的局限。目前我国肢体残疾占残疾人总人数的29.1%,是第一大残疾类型。

2. 听力残疾③

各种原因导致双耳不同程度的永久性听力障碍,听不到或听不清周围环境声及言语声,以致影响其日常生活和社会参与。目前我国听力残疾占残疾人总人数的24.2%,比重仅次于肢体残疾人。

3. 视力残疾④

各种原因导致双眼视力低下并且不能矫正或双眼视野缩小,以致影响其日常生活和社会参与。视力残疾包括盲及低视力,目前我国约有1263万视力残疾人,占残疾人总人口的14.9%。

4. 精神残疾⑤

各种精神障碍持续一年以上未痊愈,由于存在认知、情感和行为障碍,以致影响其日常生活和社会参与。目前我国约有629万精神残疾人,占残疾人总人数的7.4%。

5. 智力残疾⑥

智力显著低于一般人水平,并伴有适应行为的障碍。智力残疾包括在智力

---

① 2010年末全国残疾人总数及各类、不同残疾等级人数[EB/OL].[2018-06-26].http://www.cdpf.org.cn/sjzx/cjrgk/201206/t20120626_387581.shtml.

②③④⑤⑥ 全国残疾人康复和专用设备标准化技术委员会.残疾人残疾分类和分级:GB/T 26341—2010[S].北京:中华人民共和国国家质量监督检验检疫总局,中国国家标准化管理委员会,2011.

发育期间(18 岁之前),由于各种有害因素导致的精神发育不全或智力迟滞;或者智力发育成熟以后,由于各种有害因素导致智力损害或智力明显衰退。目前我国约有 568 万精神残疾人,占残疾人总人数的 6.7%。

6. 言语残疾①

各种原因导致的不同程度的言语障碍,经治疗一年以上不愈或病程超过两年,而不能或难以进行正常的言语交流活动,以致影响其日常生活和社会参与。言语残疾包括:失语、运动性构音障碍、器质性构音障碍、发声障碍、儿童言语发育迟滞、听力障碍所致的言语障碍、口吃等。目前我国约有 130 万言语残疾人,占残疾人总人数的 1.5%。

7. 多重残疾②

除单一残疾外,还同时存在着视力残疾、听力残疾、言语残疾、肢体残疾、智力残疾、精神残疾中的两种或两种以上残疾,我们称之为多重残疾。目前我国大陆地区约有 1386 万多重残疾人,占残疾人总人数的 16.3%。

二、残疾人基本生活

总体而言,残疾人生活水平与社会平均水平仍存在一定差距,残疾人在社会化保障、康复、文化教育、就业等方面面临着许多困难。近年来,党和国家高度重视残疾人事业发展,残疾人的总体生活状况得到逐步改善。具体表现在以下几个方面:

1. 残疾人社会保障情况

2014 年,新型农村和城镇居民社会养老保险进行合并。到 2015 年年底,城乡残疾居民参加城乡社会养老保险人数达到 2229.6 万,参保率 75.4%,60 岁以下的参保残疾人中有 422.1 万重度残疾人,其中 391.5 万得到了政府的参保扶

---

①② 全国残疾人康复和专用设备标准化技术委员会. 残疾人残疾分类和分级:GB/T 26341—2010[S]. 北京:中华人民共和国国家质量监督检验检疫总局,中国国家标准化管理委员会,2011.

助,代缴养老保险费比例达到 92.8%。247.6 万非重度残疾人也享受了全额或部分代缴养老保险费的优惠政策,领取养老金待遇的人数达到 883.8 万人。

城镇残疾职工参加基本养老和医疗社会保险人数稳定在 300 万左右,城乡 1088.5 万残疾人纳入最低生活保障范围;城镇集中供养残疾人和农村五保供养残疾人分别达到 11.4 万和 66.6 万;517.7 万和 440.1 万符合条件的城乡残疾人分别享受了稳定的生活补贴和护理补贴,265.5 万城乡残疾人得到了其他救助救济①。

2. 残疾人康复工作

截至 2015 年年底,全国已有残疾人康复机构 7111 个,其中残联办康复机构 2599 个,康复机构在岗人员达 23.2 万人。康复机构管理人员 3.2 万人,业务人员 16 万人,其他人员 4.1 万人。

2015 年,在 932 个市辖区和 2024 个县(市)开展社区康复工作,已建社区康复站的社区总数 22.2 万个,配备 40.6 万名社区康复协调员,为 181.4 万人提供社区康复服务。

目前,已为 29.9 万例贫困白内障患者免费施行复明手术,完成白内障复明手术 73.9 万例;为 15.3 万名低视力患者配用助视器,培训低视力儿童家长 3.8 万名;为 12 万名盲人进行定向行走训练;对 3.1 万名听障儿童进行康复训练;为 1 万名贫困成年听力残疾人免费验配助听器;为 3.7 万名成年听力残疾人提供助听器验配、听力检测等服务;为 39.8 万名肢体残疾人实施康复训练;为 18.6 万名智力残疾人进行康复训练;在 2705 个县(市、区)开展精神病防治康复工作,对 580.6 万重性精神病患者进行综合防治康复,对 54.6 万贫困精神病患者进行医疗救助;对 2.3 万名孤独症儿童进行康复训练;为残疾人减免费用供应辅助器具 195.9 万件,并培育建设 6 个国家辅助器具区域中心,28 个省级辅助器具服务机

---

① 2015 年中国残疾人事业发展统计公报(残联发〔2016〕14 号)[EB/OL].[2018-04-01].http://www.cdpf.org.cn/zcwj/zxwj/201604/t20160401_548009.shtml.

构,230个地市级辅助器具服务机构,县级辅助器具服务机构945个①。

3.残疾人文化教育工作

2015年,继续实施《特殊教育提升计划(2014—2016年)》,制定并执行《残疾人参加普通高等学校招生全国统一考试管理规定(暂行)》,与教育部、国家语委、新闻出版广电总局联合印发实施《国家手语和盲文规范化行动计划(2015—2020年)》。残疾人受教育权得到了更好保障,进一步提高了残疾人素质和平等参与社会的能力。

实施残疾人事业专项彩票公益金助学项目,为全国1.2万人次家庭经济困难的残疾儿童享受普惠性学前教育提供资助。各地也积极多渠道争取资金支持,对1767名残疾儿童给予学前教育资助。全国共有特殊教育普通高中班(部)109个,在校生7488人,其中聋生6191人,盲生1297人。残疾人中等职业学校(班)100个,在校生8134人,毕业生5123人,其中3761人获得职业资格证书。全国有8508名残疾人被普通高等院校录取,1678名残疾人进入特殊教育学院学习。

另外,各级残联、图书馆、电视台等文化机构协同努力,致力于为残疾人营造良好的学习氛围。截至2015年年底,全国共有省级残疾人专题广播节目19个、电视手语栏目29个,刊播公益广告35个;地市级残疾人专题广播节目216个、电视手语栏目233个,刊播公益广告367个。全国省地县三级公共图书馆共设立盲文及盲文有声读物阅览室1515个,共开展残疾人文化周活动5627场次,共举办残疾人文化艺术类比赛及展览3037次,全国共有各类残疾人艺术团773个②。

以北京市东城区第一图书馆视障阅览室为例,截至2015年10月,北京市东城区第一图书馆视障阅览室已经举办20余场面向视障人群的文化活动,分别邀请附近的交道口街道、和平里街道、景山街道、东四街道、东直门街道的盲人朋友到馆体验文化活动,活动形式包括音乐欣赏、诗歌朗诵、电影赏析和棋牌娱乐等。

---

①② 2015年中国残疾人事业发展统计公报(残联发〔2016〕14号)[EB/OL].[2018-04-01].http://www.cdpf.org.cn/zcwj/zxwj/201604/t20160401_548009.shtml.

2015 年 5 月 13 日举办的影片《左耳》赏析活动，有来自东城区 17 家街道的 300 余名残疾人参加；7 月 1 日，适逢建党 94 周年，组织东四街道视障读者聆听红色经典歌曲，畅谈科学发展观，共庆党的生日；8 月 12 日，为纪念反法西斯抗战胜利 70 周年，推出“听抗战历史　忆革命英雄”系列活动，组织残障读者欣赏纪录片《枣宜会战——抗日名将张自忠“以死谢天下”》和《大抗战之东北义勇军》，通过让视障读者听读历史的形式，纪念那段血与火的历史和来之不易的伟大胜利。图书馆通过举办一系列的文化活动，拓宽了残障读者的生活半径，使他们更好地融入社会生活中，享受到更多文化资讯和文化权益。

4. 残疾人就业情况

2015 年，城镇新就业残疾人 26.3 万，其中集中就业残疾人 6.8 万，按比例安排残疾人就业 6.6 万，公益性岗位就业 1.2 万，个体就业及其他形式灵活就业 10.4 万，辅助性就业 1.3 万。全国城镇就业人数 430.2 万；1678.0 万农村残疾人在业，其中 1323.2 万残疾人从事农业生产劳动，39.3 万人次城镇残疾人接受了职业培训。

盲人按摩事业稳定发展，按摩机构迅速增长。2015 年度培训盲人保健按摩人员 19979 名、盲人医疗按摩人员 5165 名；保健按摩机构达到 17171 个，医疗按摩机构达到 1025 个；在专业技术职务资格评审中，分别有 219 人和 781 人通过医疗按摩人员中级和初级职称评审。

5. 残疾人信息化建设

智能手机和电脑是信息时代最具有代表性的技术产品，同时也是文化交流和信息传播的重要载体，是残疾人生活质量提高的前提之一。通过电话、电脑网络，残疾人足不出户就可以了解最新的信息，与他人交流。中国残疾人服务网注册用户累计超过 5 万人，其中 2015 年注册用户增长近 1.6 万人；年度页面浏览量近 200 万，访问人数达 65 万人，同比去年分别增长 25% 和 22% 。依托中国残疾人服务网开通了全国残疾人就业创业网络服务平台，收集 2.2 万个招聘残疾人企业约 4 万个岗位信息，收录 400 余个残疾人生产经营企业约 1500 件产品信息，为深入开展“互联网 + ”残疾人服务发挥重要作用。全面升级中国残疾人服务网微信平台，为残疾人提供残疾人证查询、政策文件查询等服务。

截至 2015 年年底，全国 32 个省、286 个地市、1376 个县级残联开通网站，比上年增加 34 个；全国残疾人人口基础数据库收录持证残疾人 3145.7 万人。

6. 无障碍服务设施建设

无障碍是残疾人平等参与社会的重要条件，残疾人是无障碍环境的主要使用者和受益者，残疾人对无障碍环境的满意率可以反映出城镇无障碍环境的水平，也反映出残疾人对无障碍设施建设的认可程度。截至 2015 年年底，全国已竣工并投入使用的各级残疾人综合服务设施 2281 个，总建设规模 491.37 万平方米，总投资 138.36 亿元；已竣工并投入使用的各级残疾人康复设施 682 个，总建设规模 165.65 万平方米，总投资 51.27 亿元；已竣工并投入使用的各级残疾人托养服务设施 500 个，总建设规模 115.37 万平方米，总投资 29.92 亿元①。

无障碍建设法规、标准进一步完善。全国共出台了 451 个省、地市、县级无障碍建设与管理法规、规章和规范性文件；1618 个市、县、区系统开展无障碍建设；全国开展无障碍建设检查 6445 次，无障碍培训近 3.6 万人次；为 14.7 万户贫困残疾人家庭实施了无障碍改造；为 71.3 万残疾人发放了残疾人机动轮椅车燃油补贴。

第二节　案例抽样

现有针对残疾人的研究数据和研究报告大多来源自中国残疾人联合会官方网站②。例如，对残疾人总数的来源仍然沿用了《2010 年末全国残疾人总数及各类、不同残疾等级人数》，涉及残疾人具体生存状况的最新文件是《2013 年度残

---

① 2015 年中国残疾人事业发展统计公报（残联发〔2016〕14 号）[EB/OL]. [2018 - 04 - 01]. http://www.cdpf.org.cn/zcwj/zxwj/201604/t20160401_548009.shtml.

② 中国残疾人联合会[EB/OL]. [2018 - 04 - 01]. http://www.cdpf.org.cn/.

疾人状况及小康进程监测报告》,而时效最新的《2015 年中国残疾人事业发展统计公报》又是从官方角度统计了残疾人总体的教育、就业、社保、康复等情况,对落实到残疾人个体的具体成效并未提及。

总数超过 8500 万的残疾人及残疾人家庭的真实生活情况如何？其阅读情况如何？考虑到残疾人总数的庞大以及个体残疾人的巨大差异性,本书编委会选取了 14 例样本进行调研。

一、访谈目的

本次调研旨在通过对不同残疾人(家庭)典型案例的研究,达到以下研究目的:

(1)了解残疾人的真实生活状态,主要是经济收入、家庭情况、教育经历、社会保障、劳动就业、残障帮扶等情况;

(2)了解残疾人信息获取方式及障碍因素;

(3)了解残疾人对公共文化服务机构的使用需求,主要是对图书馆的信息及服务需求。

二、调研对象

为保障调研对象的信息真实性和访谈效果的最优化,2015 年 6 月至 2016 年编委会与中国残联信息中心沟通,由中国残联信息中心提供调研对象的备选名单。在调研对象的残疾类型选择上,由于智力残疾人和精神残疾人存在认知障碍,考虑其存在交流障碍,暂不将这两类残疾人作为调研案例对象。因此,访谈对象的残疾类型限定在肢体残疾人、聋哑人、视力残疾人的范围内。编委会本着调研对象差异最大化的原则,依据残疾人实际情况和沟通方式,从备选名单上选取了 14 位残疾人/残疾人家庭样本进行调研,这 14 位残疾人/残疾人家庭分别来自北京、山东、陕西、安徽四地,包括 6 位肢体残疾人、2 位听力语言残疾人、6 位视力残疾人,基本涵盖了不同地域、性别、职业、学历、经济状况等具体条件。

2015 年 6 月至 2016 年 3 月，编委会分赴四地以面对面访谈的方式开展调研。访谈内容围绕残疾人基本情况展开讨论，包括了残障情况、生活来源、工作情况、家庭成员、社交关系、学习培训、娱乐内容、社会保障等方面内容。

三、访谈内容

由于调研组选取的 14 位残疾人/残疾人家庭案例在残疾类型、学历、经济、职业等方面存在较大差异，不具有类比性。因此，访谈内容将依据三类残疾类型分别记录每位访谈对象的情况，以第一手的文字资料展现残疾人的真实情况。

1. 肢体残疾人访谈

共访谈 6 位肢体残疾人，男女各 3 人，平均年龄为 43 岁。

用户 Z，女，肢残一级，户籍地为北京市朝阳区，因出生时缺氧导致的重度脑瘫，四肢活动受限，只有脖颈以上可以活动，基本的生活动作都靠嘴巴来完成。丧偶，家中有一子照顾生活起居，现居住在政策性廉租房中。2003 年海淀区残联给她捐赠了台电脑，现在可以熟练操作电脑、手机（用下巴和嘴巴）进行阅读、写作、网购等活动。由于四肢无法活动，日常生活娱乐主要是以网络为主，每日平均上网 5—6 个小时。因无法工作，基本靠社会救助/福利和家庭成员供养来生活。享受城市低保、城镇居民基本医疗保险、养老保险和重残补助。文化信息的获取主要是通过电脑和手机终端，基本摒弃了电视和纸本书籍。平时喜爱阅读和写作，每日在电脑上的阅读电子书籍和写作的时间在 3 小时左右。所住小区并没有社区活动中心，因此从未参加过社区文化活动。因为出行不便，也基本不到访任何的公共文化服务机构。虽然四肢无法活动，但在他人帮助下，可以（用下巴）掌控电动轮椅在小区周围活动，太远的地方并不去。因此建议能继续完善道路及居住环境的无障碍设施建设（有个别台阶电动轮椅无法行驶过去），此外最好能在居住地附近设置一些文化活动点，方便与其他病友一起听讲座、交流心得等。

用户 R，女，肢残二级，户籍地为北京市石景山区，高中毕业，一岁半时患免疫性疾病,右腿根部截肢。曾在北京市轮椅篮球女队做了 11 年运动员,已婚(配偶为残疾人)。2011 年开设淘宝店铺“疯狂的轮椅”,主要销售残疾人轮椅及轮椅配件。目前经济状况良好,社会保险的缴纳是由北京残联主导,保险类别为“三险”,在创业过程中,并未享受到残疾人创业优惠政策。信息获取方式主要是手机和电脑阅读,很少阅读纸本书和纸本期刊。在阅读内容上,比较关注残疾人相关政策,残疾人网站和论坛中的医疗保健、康复产品信息、经济财经等新闻。目前想多了解一些企业管理、创业经营等方面的知识,此外也想学习一些法律和外语。因为出行不便,所以很少参与社会公共文化服务机构的活动。之前没有到过图书馆,也没有参与过社区活动,认为图书馆以及博物馆的无障碍设施做得不好,缺乏人文关怀,希望引起相关部门重视。

用户 H,男,肢残二级,在安徽省合肥市经营一家电脑维修门店,也是安徽省图书馆残疾人服务志愿者之一,每周到访图书馆 2 次以上,为到馆残疾人进行电脑操作指导,还负责该馆残障人士阅览室电脑维护工作。生活基本自理,经济收入尚可①。

用户 L,女,肢残一级,基本生活需要靠家人打理,安徽省作家协会会员,合肥人民广播电台《共有这片蓝天》残疾人专题节目兼职主持人,三岁患病致双下肢残疾,靠一副双拐支撑或者轮椅辅助前行。L 在当地残疾人朋友的圈子里有一定影响力,关注并呼吁关爱农村贫困残疾人的生存状况,四处为他们寻求捐助。她经常到访图书馆,多次报道过图书馆的助残活动。在阅读方式上,对传统纸本阅读或数字阅读并不设限,认为“只要能读书、写作都是快乐的”。

用户 D,男,安徽省合肥市人,退休职工,原合肥学院经济管理系老师,肢残二级。退休后业余生活也很丰富,喜欢参加社区、残联、图书馆组织的活动,会经常到访图书馆查阅书籍。认为参与文化机构组织的活动最主要的限制因素就是出行不便,偶尔需要家人陪同,因此,更倾向于家门口、社区甚至小区内组织的兴

---

① 王燕荣,李春明.安徽省图书馆残障服务调研分析[J].国家图书馆学刊,2016(11):22-28.

趣活动小组。在阅读方面,更喜欢阅读报刊,现在还有剪报的习惯,对于报纸上阅读到的热点事件或兴趣知识,会记录下来,然后再使用电脑来查阅,因此,阅读方式比较多样,更关注的还是阅读内容的丰富性。

用户 W,男,户籍地为陕西省西安市,肢体残疾。自己出行不方便,到图书馆看书需要其他人员陪伴,因此更愿意使用网上图书馆,也肯定了网络的便捷性。认为图书馆建立分馆是非常好的尝试,通过组织各种类型的活动把图书馆、社区阅览室建到基层的社区中,给残疾人带来了很多方便。

2. 听力语言残疾人访谈

共访谈 2 位听力语言残障用户,两人均为男性,都处于待业状态。这 2 位用户均识字,可以通过简单的手语进行交流。

用户 Q,听残一级,高中肄业,未接受过特殊教育机构的培训,因此手语动作并不标准,主要是靠识字来获取信息。已婚,有一 1 岁半幼子,现居住在北京市西城区红线胡同内的一处大杂院,居住面积不足 20 平方米。夫妻双方均无工作,生活主要来源是低保和父母救济,低保收入约每月千元。由残联为其上三险(失业保险、养老保险、医疗保险)。经常参加社区或残联的文娱互动活动,也会去图书馆、文化馆听讲,但很少去博物馆,因为听不到讲解。主要通过收看电视、阅读报刊来获取信息资讯,不太会操作电脑,手机一般也只是接收新闻资讯类信息。获取电视节目信息最大的障碍就是字幕较少,若在没有字幕的情况下很难理解栏目内容,突出感受为新闻类节目字幕较少,影响收看效果。聋哑人之间沟通主要靠手语,但不都是国家统一规范类手语,也会影响沟通效果。

用户 J,在其访谈中提到:由于听力残疾,导致很多听力残疾人不能说话,文化程度相对较低,性格较孤僻,沟通不方便,借书、看书也不方便,所以他们很少来到图书馆阅读和学习。因此,希望图书馆能给聋人建立一个活动室,让聋人在一块学习交流,提高他们到图书馆的积极性。对于数字图书馆并不了解,在聋人朋友中的普及度也很低,因为聋人听不到声音,也辨不清字音,只能靠手语和文字交流,如果数字图书馆在资源建设和使用中可以考虑到聋人的实际需求,那应该是很好的举措,并认为要推广数字图书馆,还是建议多举办培训讲座,在聋人朋友圈中形成一定的影响力。

3. 视力残疾人访谈

共访谈 6 位视力残疾人,分别有 2 位女性 4 位男性,平均年龄为 44 岁。

用户 C,女,全盲,爱人也是盲人,目前经营一家盲人按摩店,可以熟练操作电脑查阅资料,对图书馆很有感情。2006 年安徽省图书馆盲人阅览室设立的时候,捐赠了 107 册盲文图书,后来还组织按摩店的工作人员为残疾人阅览室的残疾人读者进行义务按摩,在当地盲人朋友圈子里有一定的影响力,平时也热衷参与盲人圈子里的各类社交活动。她认为这个社会给盲人的关爱明显不够,盲人就业渠道窄,生活各种不便,图书馆虽说提供盲人可供借阅,但是盲文图书并没有编目,无法在 OPAC 里查找,检索起来并不方便;另外,现在残疾人信息无障碍建设做的也不完善,经常遇到网站内容无法读取的情况,希望国家和相关机构能够引起足够重视。

用户 S,女,弱视力,不会使用电脑,喜爱阅读和写作,2014 年参加中国盲文图书馆举办的征文大赛并获奖。喜欢健身和跳操,曾经参加残疾人运动会得过长跑冠军,平时兴趣爱好广泛,经常来安徽省图书馆参加讲座,认为通过听课自己收获了很多知识。目前想学习电脑和智能手机的操作,还想学习跳舞和唱歌技巧。

用户 U,男,视障一级,山东省烟台市人,长春大学特殊教育学院中医针灸推拿专业,毕业后自学计算机,自主创业 6 年,现任烟台朱葛软件科技有限公司总经理,经济收入尚可。获取信息的途径主要是手机和电脑,个别时候需要助手帮忙阅读一下纸质的书籍。平时关注较多的是和商业相关的信息、投融资、企业发展等方面的信息;另外还有文学、国学方面的书籍。阅读内容相对全面,与健全人的阅读需求无明显差异。认为现在国家兜底式扶贫政策比较好,但针对残疾人创业的优惠政策太少,如盲人按摩诊所无法纳入医保体系、向残疾人开办的民间组织捐赠爱心善款时无法享受免税的抵税发票、残疾人办意外伤害保险投保非常难、养老政策在农村的残疾人中落实得并不是很好等问题。

用户 N，男，视障二级，北京市人，9 岁到 22 岁就读于北京盲校，大专肄业。自主创业 8 年，现任北京保益互动科技发展有限公司负责人。平时多通过电脑和手机上网获取信息，能独立熟练使用电脑和手机；喜欢看电视，以新闻、经济、技术创新类节目为主。阅读时长每天约 3 小时以上。喜欢阅读信息技术和小说类读物，阅读倾向于实用性、技术类图书；去过心幕影院看电影，但并不能满足其文化需求，认为电影描述太过细致，节奏太慢。经常参加文化活动，到访博物馆、文化馆等文化服务机构。个人在创业就业过程中面临残疾人贷款困难、法律学习困难、银行办理业务困难、技术支持困难等方面问题。希望能完善无障碍设施，提供盲人到馆志愿者接送服务，帮助残疾人进馆。目前大众有声图书软件更多面对正常读者，建议图书馆挑选有针对性的资源开发加工成有声图书，满足残疾人的需求。获取互联网信息遇到的最大障碍是，软件或网页与读屏软件不兼容，不能读屏。

用户 G，男，视障二级，19 岁时参加过盲文快速培训班，20 岁时参加残联组织的盲人按摩学校。无固定住所，自己一个人生活，曾从事过盲人按摩，现在主要是街头卖艺（吹口琴/拉二胡/手风琴）赚取收入。领取过北京市农村低保补助，现在由政府代缴“三险”（养老保险、医疗保险、失业保险）并享受“生活待岗金”，月收入约 1000 元，辅以街头卖艺所赚取的收入（已在石景山区八大处附近卖艺 24 年），基本能够满足生活所需费用。在信息获取方式上，多通过收音机、手机报、和朋友聊天来获取信息。电脑操作并不熟练，正在学习使用智能手机。每周都会去国家盲文图书馆参加“盲人看电影”、手风琴培训讲座等活动，认为公共机构提供质量高的免费培训课程非常有吸引力。但很少去博物馆、美术馆等公共文化服务机构，认为即便有讲解，但是盲人看不到展品，也很难尽兴。目前面临的工作困惑是没有从业资格证，在街头表演时经常要被城管清场，因此表演场地时常更换，非常不便，因此希望国家能有相关的政策扶持，对街头表演进行管理、发行演艺经营许可证。其次是盲人出行，公共汽车没有报站，不知到了哪站下车,出行并不方便。

用户 A,男,陕西省西安市人。因视力不好,平时读书不方便,一般在陕西省图书馆借书回去让家人帮着读,但是有时家人忙,也读不过来。虽然学习了读屏软件,但是经济条件原因没有配置电脑。陕西省图书馆建立视障阅览室后,就开始到省图使用阳光读屏软件,目前已能操作电脑。个人比较喜欢图书馆等机构组织的残疾人活动,可以认识更多的盲人朋友,也能让自己心情愉悦。由于盲人出行不便,希望以后数字图书馆多制作一些有声的读物。因为在网上读书,读屏软件读出来的是没有声调的,也就是没有语气的,所以时间长了会很疲倦。多制作一些有声读物,将更利于残疾人接触和使用数字图书馆。现在盲人在使用智能手机方面存在很多问题,视障阅览室做的智能手机提供的培训就特别好,能帮助残疾人学会使用智能手机上网、聊天等。另外,在数字资源方面,盲人上网看书的确很方便,但有些数字资源是 PDF 格式,读屏软件读不出来,希望在建设数字资源时能考虑盲人的切实需要,在文献格式方面采用文本文档格式,便于盲人下载和使用。很多有声数字资源因为网络接口等问题无法打开语音,确实非常遗憾。

第三节 访谈分析及思考

一、残疾人待业比例较高

劳动就业是个人在社会上谋生的最基本手段。一个人社会地位的高低,取决于其收入状况、职业状况、教育程度等因素。从访谈对象处了解到,残疾人社保覆盖率较好,基本都在吃社保,因此待业情况较为普遍。访谈的 14 位残疾人中,5 位自主创业,1 位政府帮助就业,就业率 43%(残疾人实际就业率远低于该抽样比例)。对于未就业的残疾人,其经济来源一部分是靠国家和社会救济,其余靠家庭或亲戚供养。

与健全人相比,残疾人的就业状况远不令人满意。中国 15 岁以上残疾人中,有劳动能力的占残疾人总数的 27.42%,有部分劳动能力的占 42.99%[①],即绝大部分残疾人是有劳动能力的。但全国城镇残疾人的待业率为 49%,农村残疾人的待业率更高,残疾人就业无路、收入无着,使残疾家庭承受了极重的负担。如何帮助待业残疾人重拾就业信心,帮助有劳动能力的残疾人获得职业技能培训,进而帮助他们获得更好的经济收入,是社会公共文化机构需要考虑的问题,图书馆更应开展具有针对性的帮扶措施,从实际出发开展真正符合残疾人需求的助残活动。

二、残疾人文化教育水平不容乐观

残疾人受教育的机会,一方面是通过所处的家庭、社会直接获得某种知识或经验;另一方面是通过学校教育系统获得知识与技能,以适应社会不断发展进步的需要。目前残疾人在接受学校教育方面困难重重,大多数残疾人缺少长期受教育的机会。访谈的 14 位残疾人,限于样本比例,并不能反映当前残疾人的总体文化及教育水平,但可以反映出一定的问题:有 3 人高中/大专肄业;有 3 人完全未接受过学校教育;其余 8 人均为初中文化及以下。由此可以看出,我国残疾人受教育程度不容乐观。

图书馆等公共文化服务机构,应针对残疾人教育的特殊性和不同的残疾类型,积极与残联、盲校等机构合作开展有针对性的职业技能培训,使有就业需求的各类残疾人可以接受职业技能培训,从社会关爱层面提高残疾人受教育的机会,使其走出家门,平等地参与社会生活,提升残疾人适应社会的能力。

三、残疾人阅读方式多样化

从访谈中了解到:肢体残疾人在阅读方式上,传统阅读与网络阅读方式兼备,在一定程度上更依赖网络阅读,平均每天上网时间达 3 至 4 个小时。视力残

① 张曙.对残疾人社会保障问题的思考[J].南京理工大学学报(哲学社会科学版),1996(6):86-88.

疾人大多喜爱阅读传统盲文书籍，认为盲文的触感对于文字理解具有不可替代的作用，但目前盲文书籍存在获取不易和更新滞后的问题。在数字阅读方面，访谈中的视力残疾人都没有听说过和接触过中国盲人数字图书馆、中国残疾人数字图书馆等专为视障群体服务的网站，但他们都表达了较强的使用意愿，并强调在使用体验上，比较注重数字资源获取的便捷性。听力语言残疾人则希望能完善电视栏目的字幕配备及手语普及情况。

四、残疾人使用图书馆频率偏低

访谈的残疾人对图书馆等公共文化服务机构的熟悉度并不高，仅停留在传统的借阅图书的认知阶段，并不清楚图书馆开展的其他助残服务，均表示从未使用过数字图书馆和盲人数字图书馆。他们提到出行便利、物理距离的远近、无障碍设施的完善程度等因素直接影响到残疾人参与公共文化活动的积极性。其中，听力语言残疾人认为公共文化服务机构几乎没有针对聋哑人的特殊文献资料和宣传材料，也没有专门针对聋哑人开展的服务和懂手语的工作人员，所以他们很少到访图书馆；视力残疾人对馆区内引导服务没有语音提示的情况不是很满意，认为图书馆的服务都应该配备语音提示，最好能有相关志愿者来提供实际的助残援助；肢体残疾人对公共文化服务机构提供的残疾人服务评价集中在无障碍物理设施的完善及其维护方面，他们一致认为无障碍设施仍有改进空间，存在残疾人卫生间太少、助步车位被占用、助残设备故障修复不及时、残疾人卫生间维护不及时等问题，强调了残疾人的出行困难，希望能继续完善这些机构无障碍配套设施和助残设备，来吸引更多的残疾人走出家门，享受图书馆的服务。

第三章　我国残疾人阅读现状与服务需求

公共信息服务机构缺乏对残疾用户特殊需求的深入了解，而探讨残疾人信息需求及其特点，以形成针对性的服务思路，促成公平的信息服务格局形成，正是改变残疾人弱势地位的一种有益尝试①。基于此，为了解我国残疾人阅读现状及其信息诉求，本书编委会于 2014 年 5 月和 2015 年 6 月通过发放调研问卷的形式面向全国残疾人开展针对残疾人阅读需求、残疾人对公共图书馆服务需求的调研，旨在更好地指导图书馆开展残障读者服务。

第一节　调研设计

一、调研目的

了解残疾人阅读基本特征、阅读需求倾向、残疾人利用图书馆的基本情况以及对公共图书馆服务的认知情况和利用建议、残疾人的公共文化信息需求倾向，并据此对各类残疾人的信息获取特征进行分析和归纳总结。

二、调研方法

本次调研主要采用问卷调查方法，调研问卷通过网络途径和现场填写两类途径进行发放和回收。在网络问卷调研方面，于 2014 年 5 月在中国残疾人服务网、残疾人数字图书馆网站和盲人数字图书馆网站挂接调研问卷，残疾人自行填写提交；在现场填写调研问卷方面，调研组于 2015 年 6 月对安徽、陕西、山西等省

① 樊戈，李桂华. 残疾用户信息需求调查与服务对策思考[J]. 图书馆，2009(1)：60－62.

的省会图书馆以及秦皇岛、沧州等市级图书馆共 11 家机构进行了实地走访，对到馆残障用户采用判断抽样和偶遇抽样的方法进行问卷调查，实行问卷当面发放、当面填写、当面回收。

三、调研对象

在我国，残疾类型主要包括视力残疾、听力残疾、语言残疾、肢体残疾、智力残疾、精神残疾、多重残疾等①。其中智力残疾人和精神残疾人存在认知障碍，考虑其特殊性，暂不将其作为本次调研的研究对象。此外，听力残疾与语言残疾常相互伴随，所以听力残疾人和语言残疾人通常可视为多重残疾，即聋哑残疾人。因此本研究中的调研对象主要有：视力残疾人、肢体残疾人、听力语言残疾人三类，共计 107 位残疾人。

四、调研问卷

在借鉴已有关于残疾人文化的相关调研及文献研究成果的基础上，结合本书研究方向，共编制 25 个问题，分为三部分：一是调研对象基本情况，包括被调研人的残障类型、学历、收入等具体信息；二是调研对象阅读习惯，包括被调研人的阅读偏好、阅读内容、信息获取方式、阅读时长等内容；三是调研对象对公共图书馆残疾人服务的认知和利用情况。

由于残疾人参与问卷调查的积极性受到网络操作技能、书写认知程度、参与图书馆的活跃度等诸多主客观因素限制，本次调研通过网络发布和现场填写两类途径共回收 107 份问卷。按照未填答内容超过应填答内容的 1/3 视为无效问卷的标准进行筛选，最终获得 100 份有效问卷，有效回收率为 93.5%。回收问卷在整理核实的基础上进行编码，最终录入计算机并通过专业统计软件进行数据分析。

---

① 全国残疾人康复和专用设备标准化技术委员会. 残疾人残疾分类和分级：GB/T 26341—2010[S]. 北京：中华人民共和国国家质量监督检验检疫总局，中国国家标准化管理委员会，2011.

第二节 调研结果分析

一、调研样本基本情况

调研对象的基本情况涉及性别、年龄、学历、月收入、残障类别和职业等信息,见表3－1。

表3－1 调研样本基本情况

调研对象		数量(个)	比例(%)
性别	男	59	59
	女	41	41
年龄	18—30周岁	14	14
	31—40周岁	36	36
	41—50周岁	33	33
	51周岁以上	17	17
受教育程度	初中及以下	46	46
	高中/中专/盲校	26	26
	大专/本科及以上	28	28
月收入	2000元以下	69	69
	2001—5000元	20	20
	5001—8000元	7	7
	8001元以上	4	4
残疾类别	肢体残疾	58	58
	听力语言残疾	17	17
	视力残疾	25	25
职业	未就业	26	26
	政企工作人员	30	30
	离退休人员	6	6
	其他	38	38

表 3 - 1 数据显示,本次调研样本的男女性别比例约为 1:0.7,没有明显的性别偏向;年龄集中在 30—50 岁,说明调研对象以中年人为主;从受教育程度来看,人口普查数据显示初中以下学历(含文盲)的残疾人高达 90.2%[①],而本次调查虽然没有设置未上学不识字的选项,但结果依然显示 46% 的残疾人在初中及以下学历水平,大专及本科以上的学历不足 20%,尽管本次调查情况要好于普查结果,但很大程度上是因为调查地主要是在图书馆的因素,总体上仍然反映出被调查残疾人的受教育水平偏低。从就业情况来看,待业者占有一定比例,数值为 26%,不到三成,已就业的残疾人职业类型主要集中在个体经营、企业或工厂以及自由职业。同时,残疾人群体的收入整体偏低,月收入低于 2000 元的占 69%。

二、残疾人的阅读现状

1. 阅读目的

本次调研的残疾人群体,对于阅读基本持肯定态度,对阅读的态度倾向较为积极,他们希望通过阅读实现提高修养、娱乐休闲、学习知识的目的,其中"提高修养"这一目的所占比重最大,见表 3 - 2。

表 3 - 2 调研对象的阅读目的

调研项	数量(个)	比例(%)	排位
提高修养	81	83.5	1
娱乐休闲	78	80.4	2
学习知识	38	39.2	3
工作需要	26	26.8	4
其他	16	16.5	5

注:本调研样本共有 97 个有效值,调研问题为多项选择,计数总和不等于调研总人数。

调研结果显示,残疾人阅读不再局限于某单一目的,而是呈现出多元化特

① 2006 年第二次全国残疾人抽样调查主要数据公报[EB/OL].[2018 - 06 - 26]. http://www.gov.cn/fwxx/cjr/content_1308391.htm.

点。残疾人的阅读目的集中在“提高修养”和“休闲娱乐”上，分别为83.5%和80.4%，但在此基础上，“文化型”“学习型”需求趋势也逐渐显现，即“学习知识”和“工作需要”所占比例分别为29.2%和26.8%，说明残疾人对阅读质量的需求也在增长，希望获取有一定教育意义的阅读内容，也说明了其对文化信息的需求水平在逐步提高和优化。

2. 阅读内容

调研对象均表示阅读内容是依据个人兴趣而定，单一残疾人的兴趣点相对分散，也说明了其阅读兴趣的多样性。从统计结果得出，生活保健类是选择最多的内容，这与残疾人自身生理状况有关；娱乐体育、历史地理等人文社科领域的阅读选择也相对集中，而对科学技术类的阅读则兴趣缺乏，这与上述残疾人的阅读目的相吻合，见图3－1。

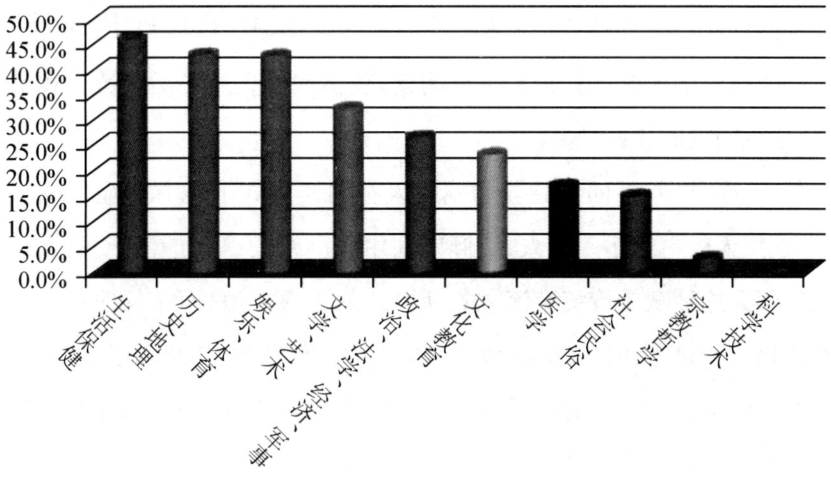

图3－1　调研对象的阅读内容

3. 阅读方式

无论是哪类残疾人群体阅读方式都不是单一的，而是兼有传统阅读与新媒体阅读方式并用的特点。调研对象均对各类新兴媒体形式持开放态度，阅读内容获取的便捷性才是首要的考虑因素。在新媒体载体的选择中，手机阅读居于第一,见表3-3。

表3-3 调研对象的阅读方式

调研项		比例(%)		
		视力残疾	肢体残疾	听力语言残疾
传统媒体方式	广播	87.1	27.4	0.0
	电视	23.4	67.9	13.0
	纸本书籍/报刊	27.6	57.1	37.8
新媒体方式	计算机	17.2	73.4	63.7
	手机	66.8	93.7	78.9
	其他移动终端	2.1	3.1	0.0

注:调研问题为多项选择,计数总和不等于调研总人数。

由表3-3可知,阅读方式的选择依个人阅读习惯和残障类型而定,但阅读内容获取的便捷性是首要考虑因素。视力残疾人多通过广播和计算机来阅读,听力语言残疾人多选择计算机和手机阅读,肢体残疾人对各类阅读方式都有所涉及,但手机阅读的比例最高。

此外,不同类型、不同年龄段的残疾人在阅读方式上也有明显的侧重。例如,青年残疾人较中老年残疾人,更倾向利用数字阅读;听力语言残疾人很喜欢网络视频聊天这种赋予传统交流方式新形式的沟通渠道;而年长的视力残疾人因计算机操作不熟练和盲文的特殊文字感悟力,更倾向与传统阅读;肢体残疾人则未有明显倾向。残疾人对各类新媒体阅读方式都持肯定和开放的态度,手机在残疾人群体中的普及度最高,使用也最为普遍。

4. 阅读时间

残疾人的阅读时间及阅读环境,也受科技进步的影响而发生着变化。数据显示,调研对象平均每周的纸本阅读时间在3小时以下的比重为47.9%,表明近半数残疾人平均每天的纸本阅读时间不足0.5小时,而网络阅读时间每天在1小时以上的比重为63%,这说明网络阅读在残疾人群体中所占的比重更大,见表3-4。

表 3－4　调研对象的阅读时间及阅读环境

调研项		数量(个)	比例(%)
纸本阅读时间/周（96 个有效值）	3 小时以下	46	47.9
	3—7 小时	43	44.8
	7 小时以上	7	7.3
网络阅读时间/天（92 个有效值）	1 小时以下	20	21.7
	1—3 小时	39	42.4
	3 小时以上	33	35.7

在调研中发现，阅读时间与调研对象的学历水平和年龄有一定的正相关性，即学历水平越高的残疾人，花费在阅读上的时间也越多；年龄越大的残疾人因时间较为充裕、娱乐项目贫乏，因此花费在阅读上的时间也较多，见图 3－2、图 3－3。在残疾类型上，肢体残疾人和听力语言残疾人每天花在网络阅读上的时间要远多于视力残疾人。

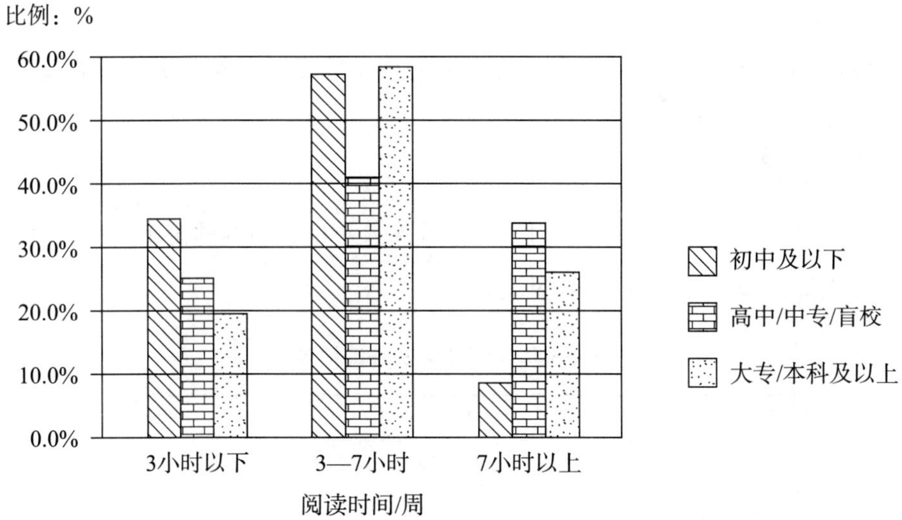

图 3－2　不同学历水平残疾人的阅读时间

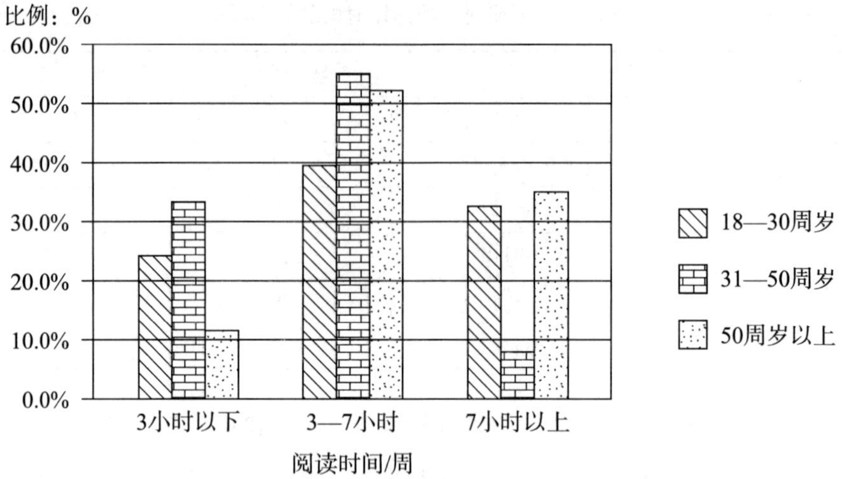

图 3－3　不同年龄段残疾人的阅读时间

三、残疾人阅读的需求

本次调研问卷为统一模板设计，并未因残疾类别而分类设计调研问卷，因此在后期统计分析调研结果的工作中，将依据具体情况对不同残疾类型的阅读需求进行具有不同侧重的分析。

1. 阅读内容需求

从残疾人关注的话题引入，可以了解残疾人对信息内容的需求倾向，进而完善图书馆的特殊文献资源建设，见表 3－5。

表 3－5　调研对象关注的话题

调研项	数量（个）	比例（%）
就业招聘	52	57.1
职业技能	49	53.8
社会保障/福利	62	68.1
医疗保障/康复	35	38.5
子女教育	39	42.8
经济/投资理财	21	23.1

续表

调研项	数量(个)	比例(%)
文化娱乐	29	31.9
残疾人政策	71	78.0

注:91 个有效值,调研问题为多项选择,计数总和不等于调研总人数。

由表 3－5 可知,对残疾人来说,就业及职业技能、社会福利、医疗康复、残疾人政策等关乎“生存与发展”的信息比之文化娱乐等信息价值更加重要,表明残疾人对阅读内容的实用性非常看重。此外,投资理财、经济政策等话题的关注度也占一定比例,从侧面反映了残疾人对自身发展的关注。对于致力于服务残障用户的公共图书馆来说,在内容建设上,应围绕这些话题领域开展文献资源建设工作,切中要害,突出重点,才能切实地、具体地服务残疾人。

2. 网络阅读需求

随着互联网技术地飞速发展,网络成为人们日常生活中不可或缺的信息获取渠道。调查结果表明,接近一半的残疾人表示网络为他们的阅读带来了极大的便利。访谈中,多数残疾人表示经常利用网络,部分残疾人甚至表示每天花在网络上的时间超过 3 小时。

从网络内容利用情况来看,残疾人最乐于在网上欣赏音乐或视频、在线聊天、参与网络课堂和看新闻,而对技术要求略高的操作型网站或应用则较少涉猎。在经常使用的互联网网站类型中,调研对象反馈的主要有以下几类(该调研项为主观题做答题):

(1)搜索引擎类网站。残疾人受限于生理劣势,他们使用网络时通常目标明确,更倾于直观、便捷、易获取信息内容的网页搜索服务。

(2)特定主题的门户网站,如新浪新闻、搜狐视频等。部分残疾人表示,他们的上网活动比较单一,不太会用也不愿意使用较为复杂的网站和网络工具。

(3)专门为残疾人服务的网站。如当地残疾人论坛,在残疾人朋友中一般具有一定的口碑和影响力,便于交友。

(4)聊天社交工具。如QQ、微信等,普及度较高。

与传统环境下的信息获取方式相比,网络对于残疾人具有明显的代偿意义,其优越性为残疾人参与社会交流、获取社会信息、使用公共服务创造了可能,应成为公共文化服务机构着力发展的重点。由上述可知,网络因其在时间与空间上的便捷性深受残疾人欢迎,而残疾人受限于生理劣势,也往往更倾向于直观、便捷、易获取信息内容的网页服务。因此,公共图书馆创建网络服务平台,除了在内容上注重与残疾人生存发展相关的特定信息内容,也应考虑到残疾人的阅览习惯,尽量保持页面简洁、主题明确以及信息内容的易获取性。

3. 利用网络的困难因素

调查中统计了部分残疾人在网络阅读上遇到的困难因素。近半数的残疾人表示可以进行基本的网络操作,但也有30.4%的残疾人表示对计算机的操作并不熟练,14.1%的调研对象反映部分网站的无障碍信息建设并不完善,直接影响了他们的网络阅读,这部分残疾人主要是视障用户。对于没有购买电脑的残疾人,公共文化服务机构尤其是图书馆应扩大宣传,让其知道图书馆提供免费的数字阅览服务;对于计算机操作不熟练或网络检索技巧水平低的残疾人,图书馆应该定期举办电脑操作培训班,开展义务助残培训课程,见表3-6。

表3-6 调研样本利用网络的困难因素

调研项	数量(个)	比例(%)
基本没有问题	42	45.7
没有购买电脑不方便	9	9.8
计算机操作不熟练/不会操作	28	30.4
身体不便操作有困难	11	12.0
对网络不熟悉,检索水平低	19	20.7
网站无障碍信息建设不完善	13	14.1
其他	3	3.3

注:共有92个有效值,调研问题为多项选择,计数总和不等于调研总人数。

四、残疾人对公共图书馆的服务需求

1. 对公共图书馆的认知度

残疾人对公共文化服务机构，尤其是公共图书馆的熟悉度情况不容乐观。问卷显示，部分残疾人表示“不知道图书馆可以提供什么服务”，因此他们很少走进图书馆。

调查发现，残疾人对公共图书馆的服务认知停留在传统服务中的图书阅览功能层面，对于其他服务则处于一知半解状态。研究将残疾人对图书馆主要服务项目的知晓程度分为：“不知道”“不是很清楚”“知道”三种情况分别定义为 0 分、1 分、2 分，依据统计量计算出均值，分数越高，则代表认知程度越高，见表 3 -7 所示。

表 3 -7　调研样本对图书馆各项服务的认知度

服务项目	平均分	排位
图书阅览及借阅	1.93	1
网络服务	1.05	2
图书馆讲座/培训	0.68	3
残障读者活动	0.52	4
参考咨询服务	0.46	5
数字图书馆	0.31	6

注：有 96 个有效值，个别选项(≤4)为空，默认为 0 分。

从表 3 -7 中数据看，分值最高的是“图书阅览与借阅”服务，说明残疾人对此项服务的熟知程度最高。而对于数字图书馆、参考咨询服务、残障读者活动、图书馆讲座/培训等服务项目，分值分布 0.31—0.68 之间，表明残疾人对公共图书馆的服务认知停留在传统阅览层面，对图书馆开展的其他服务并不了解，甚至闻所未闻。

2. 对公共图书馆的资源需求

为读者提供舒适的阅读环境和丰富的馆藏资源是公共图书馆最基础的服务内容。

在阅读内容方面,调研对象均表示依据个人兴趣而定,与正常人差异不大。值得注意的是,残疾人对与自己生存与发展的话题关注度较高,健康保健和新闻资讯是残疾人选择最多的内容,而文学、历史地理、音乐艺术等人文社科领域的选择也相对集中。据此,公共图书馆应围绕这些领域开展特殊文献资源建设工作,切中要害,突出重点。

在文献载体方面,图书馆应根据各类残疾人不同的生理特点进行多样化载体的资源建设。肢体残疾人对文献载体的需求与常人无异,听力语言残疾人对有手语或字幕的视频资料有较强需求,而视力残疾人对文献资源载体的需求最为特殊。图书馆应在丰富盲文藏书量的同时,拓展文献载体类型,考虑引进电子盲文、有声书数据库、大字书等资源。此外,图书馆还应对残障文献的加工和制作进行规范化、标准化管理,尤其是自建数字资源声音、影像、字幕的加工应充分考虑残疾人的阅读需求。

3. 对公共图书馆的服务需求

在希望图书馆开展哪些残疾人服务这一开放问题中,“阅览室聚会交流”是残障用户最希望开展的,这表明残疾人对参与社交活动非常看重,愿意走出家门与朋友交流互动;其次是“残障人士技能培训班”和“为残障读者定制讲座”,说明残疾人对新知识有很大兴趣,有很强的学习意愿;再次,希望组织更多的互动性读者活动,与残疾人朋友、图书馆工作人员开展交流,说明残障用户不再满足于“旁观者的角色”,愿意主动靠近、积极参与社会生活;也有不少人提到“文献资料要及时更新”,见表3-8。

表3-8 调研对象希望图书馆提供的服务

服务项目	数量(个)	比例(%)
为残障读者定制讲座	39	40.6
残障人士技能培训班	42	43.7
阅览室聚会交流	73	76.0

续表

服务项目	数量(个)	比例(%)
文献资料的及时更新	33	34.3
视障服务专题网站	23	23.9
组织丰富多彩的读者活动	32	33.3
残障志愿者服务	47	49.0

注:共有 96 个有效值,且为多选题。

4. 利用图书馆时遇到的困难因素

被调查的残疾人用户在利用图书馆时遇到的最主要的困难为“图书馆信息无障碍设施不完善”“馆区无障碍物理设施不完善”“出行不便”以及“不清楚图书馆开展的服务与活动”。由此可以看出,残疾人用户的主要困难因素均集中于图书馆在物理环境和信息环境无障碍的建设方面,见表 3 –9 所示。

表 3 –9　调研样本利用图书馆的困难因素

服务项目	数量(个)	比例(%)
出行不便	39	40.6
特殊文献资源量少	21	21.9
馆区无障碍物理设施不完善	42	43.7
图书馆信息无障碍建设不完善	52	54.2
不清楚图书馆开展的服务与活动	33	34.3
无专门残疾人服务工作人员	23	23.9

注:共有 96 个有效值,且为多选题。

5. 残疾人对数字图书馆的认知度

专为视力残疾人服务的网站,如中国盲人数字图书馆、中国残疾人数字图书馆等,93% 的调研对象均未接触过,甚至表示从未听说过,但有使用意愿。残疾人在使用数字图书馆资源时,更注重资源获取的便捷性,如能获得消息推送、资源推送类服务更好。此外,部分用户也表示,由于阅读耗时,出于保护眼睛的考虑,不太愿意在电脑上阅读,如能在手机上听更好。

6. 残疾人对图书馆的建议

调查对象对于获取知识的意愿都非常强烈，他们愿意经常到访图书馆，并对图书馆提出了一些关于残疾人的服务建议，具体有以下几点（本题为主观答题，无数据统计）：

（1）加大图书馆宣传力度，方便残疾人及时地、有针对性地获取相关服务和活动；

（2）图书馆资源及服务整合不够，尤其是对残疾人特殊文献资源的建设力度不够，造成残疾人进入图书馆后无法便捷地获取有针对性的资源和服务；

（3）提升图书馆志愿者服务水平，最好能提供残疾人（盲人）引导服务；

（4）图书馆无障碍物理设施不完备，现有的无障碍多是针对肢体残疾，而对听障、视障残疾人有帮助的设备并不多，而且整个社会所能提供的无障碍设施也不完善，残疾人出行问题是到访图书馆的最大障碍因素；

（5）很多残疾人不了解数字图书馆及其使用方法，甚至对数字图书馆闻所未闻；

（6）图书馆网站的无障碍信息环境建设尚不完善；

（7）充分利用网络，建设数字图书馆和电子图书、音视频文献等各类适应不同残疾人特点的电子文献资源，让先进科技最大限度地造福残疾人；

（8）图书馆残疾人服务应能普及到基层社区及农村。

第三节　主要残障类型用户信息获取特征

调研结果显示，大多数残障用户都肯定了阅读的作用，能意识到知识的重要性，认为文化水平是影响生活幸福的因素之一。残疾人是图书馆潜在的、应被充分发展起来的一个庞大的读者群体。因此，图书馆在开展残疾人服务时，应依据残疾人的残疾类型、残疾级别来提供多样化、人性化的服务。

从残障级别来说，图书馆残疾人服务，应秉持“以人为本”服务理念，对各级各类残障用户的需求统筹兼顾。尤其对于重度残疾和一级残疾用户，图书馆应提供送书上门/文献邮寄服务、残障亲属代替借阅、志愿者引导服务和代查代检服务，方便其获取信息资源。对低级别残障用户则以关爱为主，馆员应尽己所能提供各类志愿服务。

从残障类型来说，不同残障类型的感官接受信息的程度不同，相应的服务方式也应该有所不同。通过上述问卷调查和数值统计，本书编委会针对不同类型残疾人的阅读需求和对图书馆的服务需求进行了如下归纳。

一、肢体残疾

肢体残疾人在获取信息内容时，与常人无异，可听、可看、可读。调研中，肢体残疾人表示对文献内容的选择是基于自身的兴趣爱好，目前当地图书馆的文献资料基本能满足自身需求，主要问题是文献资料的更新却不够及时。因此，肢体残疾人对公共图书馆的服务需求与建议集中在无障碍设施的完善方面。不少调研对象表示，距离太远、设施使用不方便、无人陪同等原因是他们使用图书馆的重要障碍因素。信息服务机构是否具备无障碍的、易于接近和使用的设施和环境，会在很大程度上决定残障用户对服务本身的取舍和评价①。具体到图书馆，体现在物理距离和无障碍物理设施建设两方面。

1. 物理距离

肢体残疾人由于自身生理限制，其最适合的活动范围是“从离家最近的 500 米以内到最远的 2 公里以内”，距离认同率反映了所有类型的残疾人倾向于在最近范围得到服务。物理距离的远近很大程度上制约了残疾人使用服务的权利，调研中有部分重度肢残用户，出行极为不便，希望图书馆能提供上门服务。

2. 无障碍物理设施建设

物理层面的无障碍，要求图书馆楼舍建筑要完全采取无障碍的形式，进而方便残疾人的出入。具体到图书馆阅览区，一致认为应实现一站式借阅，使残障读

① 王子舟，夏凡. 图书馆如何对残疾人实施知识援助[J]. 图书情报知识，2007(2)：5 – 18.

者尽可能地在同一区域就能获取所需的资源与服务。

调研了解到，目前大部分公共文化服务机构基本都配备了诸如残疾人电梯、轮椅坡道、无障碍卫生间等基本的无障碍设施与设备，但一些功能性助残设备的配置尚不成熟，如：残疾人阅览室内没有低位柜台和残疾人专用书架，肢体残疾人无法获取最上排和最低排的书籍资料；馆舍楼层平面图没有点字说明、听力辅助广播系统和导听系统等。而在一些基层公共文化服务机构，其无障碍设备的配备更加不成熟，残疾人进入这些机构“困难重重”。

此外，在各类无障碍设施中，残疾人强调最多的并非配备“升降电梯”“轮椅坡道”“无障碍卫生间”的数量，而是图书馆配置的无障碍设施的建设标准是否规范、空间布局是否合理、是否遵循人性化设计、盲道是否被占用、残障设备维护是否及时、电梯是否有语音提示、是否有盲文版指引说明和导听系统等问题。在图书阅览区，是否实现了一站式借阅，使他们尽可能地在同一区域获得想要的图书资源，有声读物、点字图书应分架排列，应降低借还书处、检索机高度，并配备点字打字、打字机、语音计算机、盲用电脑等辅助设备。此外，有条件的图书馆还可以为残疾人提供一个多功能报告厅，方便视力残疾人读者看电影，听障读者举办联谊活动以及开展针对残疾人的技能培训课程。

二、听力言语残疾

听力言语残疾人获取信息极为不便，尤其是无法识字、书写的听力言语残疾人。对于无阅读障碍的听力言语残疾人，公共文化服务机构应配备各类专业助残设备和专门化的服务，如文字标识、图书馆指引图、会手语的馆员、聋人交流互助会、有字幕的影像资料等服务，尽可能地为他们提供各种便利。对于有阅读障碍的听力言语残疾人，有条件的图书馆可以尝试开展识字推广活动或建立识字资料典藏库，主动为失语训练课程提供资料及更好的助残服务。

调研中的听力语言残疾人，即聋哑人，认为目前图书馆很少配备会手语的专业馆员，馆区针对聋哑人的无障碍设施不够完善，并非所有的服务都配备文字说明,尤其是参考咨询和排号等候图书时,会遇到困难。

此外,聋哑人喜欢聊天聚会,希望图书馆能提供专门的场地供残疾人聚会、培训和交流,能组织更多的互动性读者活动和开展特色兴趣培训班;还提到目前音视频资源,尤其是新闻资源没有配备字幕及手语,以至于无法获取他们最为关心的新闻消息。

三、视力残疾

视力残疾人在获取信息时,仅能依靠听觉和触觉来获取信息,无疑是所有残疾类型中获取信息受限程度最大的。调研显示,视力残疾人基本通过广播、盲文书籍、互联网、手机等途径获取信息。

对于到馆服务,视力残疾人希望图书馆能提供志愿者引导服务和代查代检服务,并指出当地图书馆的盲文图书数量有限,更新不及时,且并未编目,查找起来多有不便,图书馆应对残疾人阅读给予足够重视。有部分视力残疾人表示,不会使用盲屏软件,希望图书馆能开展相关培训课程和兴趣培训讲座,还有部分视力残疾人希望图书馆能引进大字图书、触摸图画书、电子盲文刊等资源。

在网络内容利用上,视力残疾人乐于在网上欣赏音视频、在线聊天、参与网络课堂、听新闻和电子图书,对技术要求较高的操作型网站或应用较少涉猎。鉴于互联网已经成为多数视力残疾人获取信息的重要途径,希望图书馆能推进线上残疾人服务的开展。部分视力残疾人也指出多数图书馆网站信息无障碍建设并不完善,直接影响到使用体验。

此外,针对残障用户可用文献资源并不丰富的问题,图书馆在拓展文献资源种类方面应考虑到具体视力残疾人的需求。视力残疾人依据残疾程度,分有色弱、色盲、弱视力、全盲用户,弱视力用户需要大字书本,色盲用户需要提供底色差异文献,全盲用户则需要阅读盲文书籍及触摸画册;具体到数字文献方面,也应适当引进电子盲文、双视图书并购入针对视障群体的有声书数据库、优质音视频资源。

第四章　我国公共图书馆残疾人服务现状

1994 年，联合国教科文组织和国际图书馆协会联合会共同拟定《公共图书馆宣言》，该宣言明确指出："公共图书馆是各地的信息中心，用户可以随时得到各种知识与信息；公共图书馆应不分年龄、种族、性别、宗教、国籍、语言或社会地位，向所有的人提供平等的服务，还必须向由于种种原因不能利用其正常的服务和资料的人，如语言上处于少数的人、残疾人或住院病人及在押犯人等提供特殊的服务和资料。"①

在我国，公共图书馆残疾人服务的设想最早可追溯至民国时期，当时学者杨昭悊、俞爽迷、李小缘等人都曾提出过建立图书馆盲人部、盲人图书馆、盲人图书馆服务体系的想法。中华人民共和国成立后，图书馆为残疾群体的服务开始从设想变为现实，但主要停留在特殊照顾层次，即残疾人入馆一般会得到馆员帮助与借阅上的照顾②。从 20 世纪 80 年代后期开始，图书馆残疾人服务逐渐受到有关部门的重视。以 1986 年广东省立中山图书馆出现第一条轮椅通道、1987 年芜湖市成立盲人图书馆、1988 年上海残联成立盲人有声读物图书馆为开端，全国许多地区相继建立了盲人有声读物图书馆或公共图书馆有声读物中心。20 世纪 90 年代《中华人民共和国残疾人保障法》颁布，我国图书馆的残疾人服务质量和服务水平进入到发展阶段，各地图书馆残疾人服务日益得到重视，尤为值得注意的是，2008 年 9 月 9 日，中国盲人数字图书馆网站正式开通，这标志着我国盲人文化服务渠道和空间得到了更深层次的拓展，数字图书馆成为备受青睐的残疾

---

① 公共图书馆宣言[J]. 图书馆学刊，1996(6)：41，45.

② 王素芳. 从物理环境无障碍到信息服务无障碍：我国公共图书馆为残疾群体服务现状调研及问题、对策分析[J]. 图书馆建设，2010(11)：19－27，31.

人知识服务新平台[①]。随后,国家图书馆和中国残联信息中心又对残疾人数字化服务进行了升级,两家共同建设的"中国残疾人数字图书馆"于2014年4月23日正式开通。该网站提供的书籍内容涉及残疾人医疗、康复、法律、职业规划等多个领域,所有图书均进行了"无障碍"在线阅读处理,使广大残疾读者不出家门就可以通过网络博览群书、享受在线远程教育等服务[②]。

根据《2015年中国残疾人事业发展统计公报(残联发〔2016〕14号)》的统计,截至2015年底,全国省、地、县三级公共图书馆共设立盲文及盲文有声读物阅览室1515个,这些机构利用服务宣传周、读书日、助残日等节点开展了针对残疾人的阅读推广活动共计5627场次,举办残疾人文化艺术类比赛及展览共计3037次[③]。

第一节 服务调研

学者、王子舟、夏凡、曾红辉、刘玮等人都曾对国内多家图书馆的残疾人服务进行过问卷调查[④⑤⑥],这些调查对于本次调研均有不同程度的参考价值。但相对而言,以上调研地域范围和调研对象范围较窄,需进一步拓展调研范围。

为了解各地公共图书馆残疾人阵地服务的开展情况和具体成效,本书编委会于2014年5月以发放问卷的形式对全国31个省级图书馆和66个市级图书馆的残疾人服务现状进行调研,希望在更广范围内获得更有说服力的数据,以期从

---

① 中央政府门户网站. 中国盲人数字图书馆网站开通. [EB/OL]. [2018-04-24]. http://www.gov.cn/fwxx/wy/2008-10/15/content_1121300.htm.

② 中国改革报. 中国残疾人数字图书馆正式开通[EB/OL]. [2018-04-24]. http://www.crd.net.cn/2011-04/26/content_5147663.htm.

③ 2015年中国残疾人事业发展统计公报(残联发〔2016〕14号)[EB/OL]. [2018-04-01]. http://www.cdpf.org.cn/zcwj/zxwj/201604/t20160401_548009.shtml.

④ 王子舟,夏凡. 图书馆如何对残疾人实施知识援助[J]. 图书情报知识,2007(2):5-18.

⑤ 曾红辉. 公共图书馆残疾人服务实践与思考[J]. 晋图学刊,2012(5):48-51.

⑥ 刘玮. 关于残疾人图书馆建设和发展的几点思考[J]. 图书馆学研究,2008(2):16-19.

宏观层面把握全国公共图书馆残疾人服务总体情况，对图书馆残疾人服务开展现状进行客观评价，并对公共图书馆现有的残疾人服务模式进行初步归纳。

一、调研设计

1. 调研方法

本次调研主要采用问卷调查法，通过定向发放的途径发放问卷，问卷发放对象为97家图书馆负责残疾人服务的领导或主要负责人。本次调研共发放97份问卷，回收有效问卷95份，回收率为97.9%。

2. 调研对象

本次调研对象分为两类：一是重点针对全国31个省级图书馆（含5个自治区和4个直辖市）进行定向调研，二是针对具有地方特色和创新性的66家地、市区级图书馆进行抽样调研，两类调研对象共计97家图书馆。

3. 调研问卷

调研问卷在借鉴已有关于图书馆残疾人服务文献成果的基础上，编制了图书馆残障基础服务和图书馆残疾人服务规划两个部分，共21个问题，包括图书馆残疾人服务基本情况、无障碍建设情况、服务方法、技术保障、人员情况、创新途径以及服务建议等。以下结合问卷就现阶段公共图书馆残疾人阵地服务开展情况进行数据统计与分析。

二、调研统计

1. 残疾人服务开展时间

我国公共图书馆开展为残疾人服务大致可分为四个阶段[②]：①始于20世纪50年代的“萌芽期”，图书馆的服务以“照顾模式”为主；②80年代开始的“转折期”，图书馆为残疾人开展主动服务，以1986年广东省立中山图书馆出现轮椅通道为开端；③1988以后图书馆对残疾人的服务进入“上升期”“权利保障期”，标志性事件是中国残疾人联合会的成立；④21世纪，随着知识经济到来和社会信息化发展，图书馆对残疾人的服务模式进入了“信息服务模式”。结合这一时间分段，我们将调查问卷回收数据进行了整理，得出表4－1。

表4－1　公共图书馆残疾人服务开展时间

开展时间	数量(个)	比例(%)
1949—1985年	9	9.5%
1986—1988年	4	4.2%
1989—1999年	10	10.5%
2000年以后	67	70.5%
未作答	5	7.4%

从表4－1可以看出，有七成的图书馆开展有针对性的残疾人服务始于2000年以后。具体到省级图书馆，我国31所省级公共图书馆均已开展了面向残疾人的服务，开展时间最早的是山东省图书馆、广东省立中山图书馆和陕西省图书馆，均始于20世纪80年代；时间最晚的是四川省图书馆和西藏自治区图书馆，开始时间为2016年。以地域划分来看，东、中部地区明显早于西部地区。

从残疾人服务的开展时间调研来看，2000年以后图书馆对残疾人的服务才开始全面推进。究其原因，主要得益于全社会文化建设的发展和残疾人社会地位的显著上升，各级残联积极组织推动图书馆残疾人服务的开展，图书馆开始逐步将残疾人服务纳入发展总体规划。王素芳总结了残疾人专门阅览空间建立的三方面主要原因，即国家和地方法规、政策或上级部门的强制要求，图书馆评估定级需要以及合作方推动①。这与调查结果相契合，在一定程度上解释了图书馆残疾人服务工作在2000年以后全面推进的深层次原因。

2. 残疾人服务阅览室

根据问卷回收数据，84.2%的图书馆设置了残疾人阅览室，5家图书馆（芜湖市图书馆、安庆市图书馆、四平市图书馆、新疆维吾尔自治区图书馆、内蒙古自治

① 王素芳. 从物理环境无障碍到信息服务无障碍：我国公共图书馆为残疾群体服务现状调研及问题、对策分析[J]. 图书馆建设，2010(11)：19－27，31.

区图书馆)还设置有2—3个残疾人阅览室。对于图书馆残疾人服务和设施的利用情况,只有3.5%的图书馆认为到馆残疾人读者较多,设施利用率较高;超过半数图书馆(54.8%)到馆残疾人读者较少、设备利用率低。

此外,95家图书馆自建馆以来总共为116.4万名残疾人提供了服务。以我国现有残疾人8502万统计,受益人数约为1.4%。这在某种程度上说明图书馆虽已开展面向残疾人的服务,但是远远无法满足广大残疾人的需求,服务能力远远不足,图书馆进一步发展面向残疾人服务的任务极其紧迫。

3.残疾人服务方式

图书馆面向残疾人读者的服务方式,主要有文献借阅、教育和信息咨询、网络数字化服务、定期举办主题活动(如与特殊教育机构或针对特定人群开展的活动等)等传统服务以及送书上门、有声读物借阅、盲文资料借阅、志愿者朗读、点字转换等特色性服务。

从表4-2可以看出,目前占主导的服务方式还是传统的文献借阅。在特色服务方面,排在前几位的服务方式主要是盲文资料借阅、送书上门、有声读物借阅、电脑及网络辅助服务(如文献下载等)。调查可见,我国图书馆残疾人读者的服务仍以传统服务方式为主,有针对性的个性化、特色服务项目等开展相对较少,服务模式较为单一,造成了图书馆到馆残疾人读者较少、设备利用率低的状况。

表4-2 公共图书馆残疾人服务方式

残疾人服务		数量(个)	比例(%)	备注
传统服务	文献借阅	81	88.0%	92个有效值,且调研问题为多项选择,计数总和不等于调研总个数
	教育和信息咨询	60	65.2%	
	数字阅览服务	7064	76.1%	
	定期举办主题活动	59	64.1%	

续表

残疾人服务		数量(个)	比例(%)	备注
特色服务	送书上门	67	74.4%	90 个有效值,且调研问题为多项选择,计数总和不等于调研总个数
	有声读物借阅	65	72.2%	
	盲文资料借阅	76	84.4%	
	志愿者朗读	29	32.2%	
	点字转换	26	28.9%	
	残疾人读者在线咨询	26	28.9%	
	残疾人职业技术培训	13	14.4%	
	电脑及网络辅助服务	64	71.1%	
	残疾人专题讲座及座谈	40	44.4%	
	手语培训	12	13.3%	
	其他	5	5.6%	

4. 馆藏特殊文献资源

图书馆为残疾人提供的特殊文献类型上,近九成的图书馆可为残疾人读者提供盲文出版物,其次是提供视听资料和有声读物,提供这三类文献资源的图书馆在数量上均超过半数。除此之外,面向其他类型残疾人的特殊文献资源则很少提供,可见其服务对象多是针对视力残疾人。

表 4-3　公共图书馆馆藏特殊文献资源类型

资源形式	数量(个)	比例(%)
盲文出版物	85	89.5%
视听材料	50	52.6%
有声读物	63	66.3%
描述性视频	18	18.9%
有声化 OPAC	7	7.4%
其他	12	12.6%

对照国际图联第89号专业报告《残疾群体利用图书馆——检查清单》[①]中对图书馆界应该为残疾人提供的资源类型发现，我国图书馆馆藏资源中为残疾人提供的资源类型仍有欠缺，大字体读物、针对精神障碍和智力障碍群体的专门馆藏资料和针对性服务都比较缺乏。馆藏建设上存在的另外一个问题是各类特殊馆藏资源利用率比较低，这直接影响到图书馆进一步发展特殊馆藏的积极性。

调查还发现，部分图书馆预设了残疾人服务专项经费以保障图书馆残疾人服务的开展，这部分经费或来自财政专项拨款、残联拨款，或来自本馆自筹经费。但在实际操作中，由于经费的来源与分配不够稳定，部分图书馆残疾人服务经费投入呈逐年减少的趋势，这直接导致了图书馆残障服务的持续性开展设备缺乏必要的更新和维护，馆藏资源无法进一步扩充，服务处于衰退或停滞状态。

5. 图书馆无障碍环境建设

由于残疾人身体状况的特殊性，为消除残疾人利用图书馆的障碍，必须首先着手进行物理环境的无障碍建设。建设坡道、盲道，设立无障碍专用卫生间、无障碍电梯，为残疾人设置盲文标识以及提供导引服务等都是图书馆无障碍物理环境建设的主要方式。调查发现，近八成的图书馆建设有坡道，73.7%的图书馆为残疾人提供了导引服务，67.4%的图书馆为残疾人设立了无障碍专用卫生间。可以看出，在设计建造图书馆时，多数图书馆都能够考虑到残疾人的实际状况，以方便残疾人进出，方便图书馆为到馆残疾人读者提供阵地服务。详见表4-4。

表4-4 公共图书馆无障碍环境建设情况

无障碍环境		数量(个)	比例(%)
无障碍物理环境	坡道	75	78.9%
	盲道	48	50.5%
	无障碍专用卫生间	64	67.4%

① Access to libraries for persons with disabilities—CHECKLIST[EB/OL].[2018-04-20]. http://www.ifla.org/files/assets/hq/publications/professional-report/89.pdf.

续表

无障碍环境		数量(个)	比例(%)
	无障碍电梯	43	45.3%
	盲文标识	33	34.7%
	提供导引服务	70	73.7%
	其他辅助设施	4	4.5%
无障碍信息环境	硬件技术设备	62	65.3%
	软件技术应用	52	54.7%
	网络配置	46	48.4%
	信息节点	38	40.0%
	辅助设备应用	25	26.3%

在无障碍信息环境建设方面,65.3%的图书馆为残疾人提供了专门的硬件技术设备,如盲文读物、助视仪、点显器等;54.7%的图书馆提供了软件技术应用,如读屏软件等。部分图书馆为设备配备了网络接口和信息节点,并提供了盲文打印机等辅助技术设备,以确保残疾人读者能更好地利用图书馆的资源。

6. 残疾人服务专职人员配备情况

在图书馆从事残疾人服务的人员配备方面,只有35.8%的图书馆设置专职从事残疾人读者服务的工作人员,超过44.2%的图书馆没有专职人员负责,而是由其他部门工作人员兼任,两成图书馆并未回答此问题。在岗位专业性方面,对在岗的图书馆残疾人服务工作人员的职业素质要求不高,多数不具备相关的知识背景和知识技能。近七成图书馆没有开展或不清楚是否提供过残疾人服务的专项教育培训。在所有图书馆中,只有39.2%的图书馆组织过志愿者参与残疾人服务活动。服务意识的欠缺、专业知识的不足、专业人才的缺乏已经进一步阻碍了图书馆残疾人服务的开展。详见表4-5。

表 4-5 公共图书馆专职残疾人服务人员配备情况

服务人员配备情况		比例(%)
有无专职人员	有	35.8%
	无或由其他部门人员兼任	44.2%
	未作答	20.0%
是否开展残疾人服务的专项教育培训	是	33.0%
	否,以及未作答	67.0%
是否组织志愿者参与活动工作	是	39.2%
	否,以及未作答	60.8%

7.图书馆与外界合作情况

为了更好地开展图书馆残疾人服务工作,81.1%的图书馆都与业界或外界机构开展了残疾人服务合作,主要合作方为各地残疾人联合会、社区、残疾人学校等。合作方式主要是通过残联的服务网络进一步了解残疾人读者服务需求,推进资源共建共享,合作举办培训、讲座、阅读活动等。

表 4-6 公共图书馆残疾人活动与外界合作开展情况

合作开展情况		数量(个)	比例(%)
是否与业界或外界机构开展了残疾人服务合作	是	77	81.1%
	否,以及未作答	18	18.9%

调研过程中,本书编委会还重点对陕西省图书馆和安徽省图书馆残疾人服务进行了实地走访,重点围绕两省图书馆残疾人服务概况、服务方式、服务资源等进行调研。调研结果也进一步证实了目前我国图书馆残疾人服务存在的问题。以安徽省为例,安徽省残疾人公共文化服务基础好、思路活,在探索残疾人公共文化服务方面取得了较大的成就,但也存在一定的不足,如残疾人参与文化的积极性、创造性和蕴藏的艺术才能还没有被挖掘出来,各类公共文化服务机构还需在激发残疾人参与文化生活的积极性上做更多的工作;残疾人均等享有公共文化服务的内容与质量需进一步充实和提升,残疾人出行难、参与公共文化活

动难的问题仍然很突出；基层残疾人尤其是农村残疾人文化生活相对匮乏，有些甚至基本空白。残疾人文化工作重活动、轻建设，重城市、轻农村，重少数骨干、轻多数人，重节点、轻平时的现象很突出；各地残疾人文化建设政策保障体系不健全；残疾人文化培训的人才队伍建设需要加强，残疾人文艺创作、文化创业、文化产业需要予以扶持。对陕西省图书馆的调研则显示由于路程较远、坐车不便、缺人陪同等原因，大部分残疾人读者很难出门享受到公共图书馆的阵地服务。残疾人士对图书馆残疾人服务的建议包括：多建社区分馆，将服务推广到基层；残疾人数字图书馆仍有宣传普及的空间；在馆藏资源上应多提供富有感情、人声录制的有声读物；统一电子文件格式，方便读屏软件识别。

第二节　现状分析

根据问卷调研、文献调研及实地调研情况，调研组从残疾人服务意识、服务定位、无障碍服务环境、特殊资源建设、服务方式、服务队伍、服务合作方式、用户需求等方面归纳了当前我国公共图书馆残疾人服务模式的以下特点。

一、服务意识逐步加强

《中华人民共和国残疾人保障法》中指出："残疾人在政治、经济、文化、社会和生活等方面享有同其他公民平等的权利……国家保障残疾人享有平等参与文化生活的权利……根据盲人的实际需求，在公共图书馆设立盲文读物、盲人有声读物图书室……各级人民政府和有关部门应当采取措施，为残疾人获取公共信息提供便利等……"[①]据此，文化部、民政部、中国残联等国家机关以及图书馆、博物馆等公共文化服务机构相继出台了多项政策，保障和完善残疾人享受均等的公共文化服务。

① 中华人民共和国残疾人保障法[EB/OL]. [2018－04－14]. http://www.npc.gov.cn/wxzl/gongbao/2008-06/03/content_1463230.htm.

2012年7月11日,国务院印发《国家基本公共服务体系"十二五"规划》(以下简称《规划》)。《规划》由国家发改委牵头,教育部、卫生部、人力资源和社会保障部、民政部和中国残联参与联合编写,对国家基本公共服务体系涵盖领域进行了界定,包括基本公共教育、劳动就业服务、社会保险、基本社会服务、基本医疗卫生、人口和计划生育、基本住房保障、公共文化体育、残疾人基本公共服务。值得强调的是,《规划》中将"残疾人基本公共服务"作为独立章节内容,明确指出:"国家为残疾人提供适合其特殊需求的基本公共服务,营造残疾人平等参与的社会环境,为残疾人生活和发展提供稳定的制度性保障。"①2013年全国"两会"期间,115位政协委员联名签署并提交的《关于制定实施国家全民阅读战略的提案》中明确提出:"进行全民阅读立法,由全国人大制定'全民阅读法',国务院制定'全民阅读条例',以法律法规的形式将推动全民阅读工作纳入法制化轨道,确定政府为促进民阅读的责任主体。"②图书馆应和政府、社会其他组织、个人共同努力,进一步提高对残疾人阅读的重视程度,不断完善残疾人阅读服务保障机制。图书馆可以与残联、特殊教育学校、社会福利部门等机构密切合作,联合开展有助于残疾人学习文化知识、参与阅读的社会活动的同时,通过总分馆建设模式,对残疾人阅读活动进行统筹规划与部署,以残疾人服务均等化为目标,实现图书馆服务的普遍均等惠及全民。

图书馆界作为开展残疾人公共文化服务的前沿阵地,早在2008年中国图书馆学会发布的《中国图书馆服务宣言》中就明确提出:"现代图书馆秉承对全社会开放的理念,承担实现和保障公民文化权利,缩小社会信息鸿沟的使命……图书馆致力于消除弱势群体利用图书馆的困难,为全体读者提供人性化、便利化的服务……图书馆努力促进全民阅读。图书馆为公民终身学习提供保障,促进学习

---

① 国家基本公共服务体系"十二五"规划(全文)[EB/OL].[2018-07-20]. http://www.china.com.cn/policy/txt/2012-07/20/content_25965719_4.htm.

② 中国新闻出版广电报.全民阅读促进条例(征求意见稿)[EB/OL].[2018-04-20]. http://media.people.com.cn/n1/2017/0405/c40606-29190439.html.

型社会的建设。”[①]2008 年由中国残疾人联合会信息中心、国家图书馆及中国盲文出版社共同筹备的中国盲人数字图书馆开始运行[②]，这是国内首个国家级为视障群体服务的网络图书馆，也是国内率先依据无障碍化国际标准建成的非残障机构网站，在资源的选择、技术应用、合作模式等多方面开创先河。

2010 年，国家图书馆、中国图书馆学会联合向全国图书馆界发出加强图书馆信息服务无障碍、创建“全国图书馆信息服务无障碍联盟”的倡议，号召业界同人共同推进残障人士文化事业的可持续发展。该联盟由各图书馆自愿结合组成，专门提供残障人士的文化信息服务，是推进信息无障碍建设、保障残障人士分享公共文化资源建设成果、促进和谐社会均衡发展的重要社会力量。

2011 年 4 月 23 日，全国残疾人阅读指导委员会成立，在成立仪式上中国残联和国家图书馆共同发出“图书馆促进信息资源公平获取行动倡议书”[③]，倡议全国图书馆协同努力，逐渐构建相对完善的残疾读者阅读活动体系，积极提高自身服务水平，为残疾读者无障碍地获取文献资源创造各种条件。同日，由国家图书馆、中国残联信息中心共同建设的“中国残疾人数字图书馆”正式开通[④]，数字图书馆成为备受青睐的残疾人知识服务新平台。

从调研中可以看出，国内公共图书馆残疾人服务起步较晚，近七成的图书馆开展残疾人服务都在 2000 年之后，但发展势头迅猛，截至 2015 年年底，全国省、地、县三级公共图书馆共设立盲文及盲文有声读物阅览室 1515 个，这些机构利用服务宣传周、读书日、助残日等节点开展了针对残疾人的阅读推广活动共计

① “图书馆促进信息资源公平获取”行动启动[EB/OL].[2018－10－25]. http://www.gmw.cn/01ds/2009-05/13/content_920515.htm.

② 张炜，李春明. 积极推进信息无障碍建设人人共享公共文化服务——中国盲人数字图书馆网站介绍[J]. 图书馆建设，2009(9):65－67.

③ 中国残疾人联合会. 中国残联发布“图书馆促进信息资源公平获取”行动倡议书[EB/OL].[2018－04－10]. http://www.cdpf.org.cn/mryk/2009n/2009n7q/201411/t20141104_421594.shtml.

④ 去数字图书馆无障碍阅读[EB/OL].[2018－04－10]. http://tech.gmw.cn/2012-12/10/content_5961410.htm.

5627 场次，举办残疾人文化艺术类比赛及展览共计 3037 次①。可见，图书馆开展有针对性的残疾人服务意识逐步加强，保障残疾人均等服务的措施正在逐步落实。

二、服务定位日渐精准

残疾人作为社会中的弱势群体，需要得到全社会的广泛关注和大力支持。图书馆作为公共文化服务体系的重要组成部分，是社会教育的学校、公民教育的课堂；是建设学习型社会的重要阵地，它可以利用自己的资源和条件，让盲人“看见”书，让聋人“听见”书，让肢残人“走进”图书馆，从而改善残疾人文化生活状况，提升残疾人的幸福感和满足感，有效维护社会公平正义②。

图书馆残疾人服务由最初的高门槛、不易进入发展到现在的为残疾人专设区域并提供专门的助残设备帮助残疾人走进图书馆阅览资源和享受服务，是图书馆服务意识的觉醒，也是图书馆残疾人服务定位日益精准的体现，即残疾人服务的均等化。公共图书馆通过特殊设施、特色设备、特殊资源、特殊空间、特殊服务等一系列条件为残疾人提供与正常人一样的平等利用图书馆的权利。调研中的公共图书馆都不同程度地从馆舍建筑、无障碍设施、助残设备、专门服务人员配备、特殊文献建设等方面开展服务，甚至主动与当地残联、特殊学校、盲人/聋人组织、社会机构等相关团体开展合作，致力于从各方面为残疾人开展均等化的服务。

图书馆残疾人公共文化服务均等化是在图书馆管理领域下，基于公共文化服务均等化理论框架所提出的系统概念。图书馆通过物理无障碍与信息无障碍共同发展，加强馆际交流合作，完善资源共建共享体系、落实专业服务人员选配、

---

① 中国残疾人联合会. 2015 年中国残疾人事业发展统计公报（残联发〔2016〕14 号）[EB/OL]. [2018 - 07 - 10]. http://www.cdpf.org.cn/zcwj/zxwj/201604/t20160401_548009.shtml.

② 刘燕，刘懿. 服务均等化视角下公共图书馆残疾人服务体系的构建[J]. 江西图书馆学刊，2009(4)，72 - 73，78.

转变服务理念等方面的对策，并从法律法规等方面做出要求，让残疾人读者能够平等获取知识信息，参与到正常的社会生活中去[①]。

三、无障碍服务环境逐步改善

近年来，全国各地图书馆兴起了老馆改造和建设新馆的浪潮，多数图书馆在改造中都依照了《公共图书馆服务规范》的具体要求，从物理环境方面充分考虑残障读者的无障碍需求。

物理环境的无障碍主要是指图书馆建筑环境和操作环境的无障碍设计。例如，在选择馆舍的建设地点时优先考虑交通便利的地段，对物理服务设施的便捷性、易操作性、可获得性进行充分的考虑；在建造或改造馆区内部时为残疾人的实际需要着想，设立残疾人专用空间，建造无障碍通道、盲人阅览室以及残疾人专用卫生间；提供残疾人使用方便的设施，例如助听设备、图文电话、带字幕的视频播放设备等。

1. 入口处

图书馆内外部环境的入口处设置平台区域，使得在图书馆的入口前方形成一段水平地面，方便使用轮椅和导盲手杖的残障读者顺利进入图书馆。设置自动感应门，在入口处设立语音感应系统，当有读者出入馆区时，系统将自动播放图书馆导向图的语音说明。

2. 台阶、扶手

经过改建的图书馆在入口区域设有宽敞的台阶，在公共通道、楼梯安装连续扶手，使得视障读者可以通过扶手的导引到达图书馆的各个区域。除此之外，馆内、外的坡道均采用缓坡设计，或安装坡道缓冲平台，以防止轮椅在行进中因坡度过大而失去控制。

---

① 金鑫. 我国图书馆残疾人公共文化服务均等化研究［D］. 大连：辽宁师范大学，2014.

3. 电梯

大多数图书馆已经安装无障碍电梯，电梯前的区域宽阔、电梯按钮设有凸起的箭头标识，方便视障读者使用电梯；电梯轿厢的正面安装镜子，周围设置扶手；电梯的音响和内部显示可以清晰表示电梯上、下运行方向和所处楼层，电梯外铺设盲道，方便残障读者自由进出。

4. 卫生间

无障碍卫生间装配有横向拉手的移动门，内部空间宽阔，方便轮椅进出及回转；配备无障碍专用洁具，并配有报警灯和紧急呼叫系统。

5. 盲道

在图书馆内铺设不中断的盲道，方便残障读者到达图书馆内的盲文阅览室、服务台、卫生间等区域；对盲道进行定期维护，避免后期人为损坏。

6. 阅览区

残障读者的阅览区采用一站式借阅方式，书架间距大于一米，方便轮椅进出；配备残疾人专用书架、桌椅，降低借还书服务台和检索机的高度，方便读者使用。

7. 多功能区

设置多功能报告厅，方便残障读者在此举办文化交流活动、观看配有手语字幕的电影；安装残疾人轮椅席位，方便残疾人读者到达和疏散，轮椅席位地面平坦，在其四周安装栏杆，并保证位于轮椅席位的读者视线与其他读者互不干扰。

四、特殊文献资源建设逐步丰富

2013 年，公共图书馆评估定级指标中将盲文文献数量作为单独的指标列出，特殊馆藏资源建设工作已经成为图书馆文献资源建设的重要内容之一。作为文献资源中心，公共图书馆已经逐步并有针对性地为残障读者提供特殊文献资源服务，采购盲文书刊、盲人有声读物、大字版读物等；有些图书馆为了方便残障读者进行多媒体阅读，在服务区设有轮椅服务点，并装配了计算机和特殊软件，提供具有特殊功能的检索与阅览服务。

公共图书馆应根据不同残疾人的生理、心理需求,确定文献资源建设的内容。调研中,不少公共图书馆在特殊文献资源建设上都进行了积极探索。

第一,积极探索特殊文献流通借阅的新形式。以安徽省图书馆为例,截至2015 年 1 月,其残障人士阅览室收藏盲文书籍 749 册,内容涉及数十个学科领域。由于残疾人服务经费有限以及盲文图书普遍定价较高,为最大限度地满足视障读者的阅读需求,安徽省图书馆与中国盲文图书馆签订互惠流通借阅的协议,由安徽省图书馆定期、批量、统一为当地的视障读者向中国盲文图书馆批量借阅盲文文献,既能节省文献采购经费,还能加快本馆盲文文献的流通率和更新度①。

第二,对残障读者特别关注的学科类型进行重点文献资源建设。由调研可知,残障读者最普遍的阅读需求为福利、康复、就业等内容,图书馆应率先购进和收藏的文献内容应为身体复健、法律援助、技能支持、社会工作等领域,对按摩、音乐、计算机、工艺美术、财会等学习资料也应有选择地入藏。目前国内公共图书馆的特殊文献建设已经逐渐重视这方面需求。

第三,在文献类型上,随着信息技术的发展和公众阅读习惯的变革,残疾人对多媒体资源的阅读需求不断扩大。调研数据显示,国内近九成公共图书馆都为视障读者提供盲文文献,其次是提供视听资料和有声读物,但值得注意的是,除此之外,并没有其他形式的特殊文献。因此,图书馆资源建设工作需要在借鉴国内外成功经验的基础上,从不同类型残疾人基本需求出发,保证多媒体资源格式的丰富性,将有声读物、盲文资料、配以相关的声音信息或手语图像的多媒体资料作为重要入藏资源,着力建设有声读物、有声报刊、大字体印刷书籍、易读书籍、有字幕或配备手语解说的 Video/DVD、电子书和触觉画册等多种类型的馆藏资源。

---

① 王燕荣,李春明. 安徽省图书馆残障服务调研分析[J]. 国家图书馆学刊,2016(4):22 - 28.

第四,在公共图书馆开展无障碍数字资源的建设过程中,需要紧密结合残疾人用户的需求,广泛开拓资源的种类和建设渠道,注重资源的标准化建设,秉持"共知、共建、共享"的建设思路,促进机构间的资源交换与流通,避免重复建设,发挥资源的整体优势与规模效益,在公共文化服务体系内共享各地优秀数字资源建设成果,使数字资源建设效率优化、服务效能最大化,从根本上提升我国残疾人无障碍资源供给能力和服务水平。

第五,在资源的揭示过程中充分利用先进的计算机技术,遵循无障碍的设计原则,保障不同残疾用户对资源的可获取性,消除信息使用障碍。信息化建设规划中加入信息交流无障碍的内容,制定相关技术标准,推进信息无障碍实用技术和相关产品研发;图书和声像资源数字化建设要实现信息无障碍,方便残疾人获取信息。目前,国内大部分公共图书馆已经加强残疾人信息资源的购置,将工作重点逐步放在无障碍资源建设方面。2003 年,国务院成立了信息无障碍法规办公室,加强无障碍技术标准的研发,积极开展无障碍项目的建设。图书馆应借助互联网、云计算、大数据等现代信息技术和科学手段,不断提升无障碍信息资源供给能力,为全面提高残疾人文化素质提供资源支撑;借助移动终端、数字电视等信息设备,积极开展移动阅读平台、家庭电视数字图书馆等创新性新媒体服务,将图书、期刊、图像、音视频等各类型优秀文化资源推送到用户身边,满足随时随地的资源需求,为残疾人读者提供多样化、个性化的数字资源服务。

第六,注重资源的开放性。为残疾人用户提供更多的免费资源获取渠道,适当开放残疾人服务中的资源版权限制,制定对版权所有人在残疾人服务中捐赠版权的鼓励机制。

五、服务方式日渐多样

1. 从单一文献服务到多方位实用服务

伴随图书馆无障碍服务的推进,残疾人公共文化服务逐步从单一的文献服务过渡至多方位的实用性服务模式。以广州图书馆为例,在图书馆内设立视障读者服务专区,规划了藏书区、电子阅览区和配有辅助设备的阅览区域,并设有十余台安装语音转换软件的电脑和辅助阅读设备供读者使用,这种将适用于视障读者阅读的辅助设施集中在一个区域的方法,极大方便了盲人读者,深受好评。

除了为视障读者提供资源和设备外,图书馆也在积极探索创新视障服务方式,以金陵图书馆为例,该馆于 2012 年起与南京新闻广播联合发起"朗读者"公益活动[①]。该活动每年确定一个主题,年初通过网络、电台等途径招募朗读志愿者,吸引了社会各界的爱心人士和团队的加入,获得蓬勃发展和广泛关注。图书馆对整个活动流程进行统一管理,作品一部分赠送给南京市各区盲人团体和盲校学生,另一部分入藏金陵图书馆供读者借阅。所有的音频作品作为特色数字资源单独建库,并最终形成一个具备自主知识产权的音频资源数据库,纳入全国文化信息资源共享工程[②]。"盲人剧场"是金陵图书馆"朗读者"公益性志愿活动 2016 年开展的第五季活动版块,依托该馆馆藏资源及无障碍设施,开展集盲人电影、戏曲、话剧等多种艺术表演形式为一体的特色文化服务,建立盲人读者与社会文化志愿者共同学习、互动友爱的阅读交流平台[③]。

2. 从被动服务到主动服务

图书馆残疾人服务的传统形式为读者到馆后的阅读服务,并将残障读者到馆数量作为图书馆残疾人公共文化服务质量的一项评价标准。近年来,各级各类图书馆逐步开展主动服务,利用资源和空间的优势,针对残疾读者举办各式各样的活动。总结起来,这些活动主要分为三种形式:邀请残疾人到馆参加阅读推

---

① 刘博涵,张琛. 南京市公共图书馆残疾人服务调研与思考[J]. 国家图书馆学刊,2016(4):29 - 35.

② 杨长进,张婕. 公共图书馆服务成果成功案例——金陵图书馆"朗读者"公益活动[J]. 图书馆界,2015(1):55 - 58.

③ 金陵图书馆"盲人剧场"关注视障群体的阅读生活[EB/OL]. [2018 - 05 - 28]. http://www.jllib.cn/dtzx/hdzx/201604/t20160426_14521.html.

广活动，到残疾人单位开展阅读推广活动以及送书上门服务。例如：广州图书馆发挥阵地服务优势，为残疾读者举办各式各样的阅读推广活动，邀请残疾人到图书馆参加阅读活动，举办“‘遨游书海，欢度万圣节’——参观图书馆活动”等；与广州市盲人学校合作开展走进广州市盲人学校系列活动举办送书上门服务，为方便出行不便的视障读者在家里办理盲文图书以及有声读物的外借手续。苏州图书馆举办“阳光讲坛”和“走出户外、触摸世界”等活动，组织残障读者参观苏州市博物馆、盲人植物园、嘉兴南湖等，不断拓宽残疾人的活动范围。从一般服务到个性服务图书馆通过实时走访和问卷调查等方式考察残障读者的阅读需求和心理诉求，建立本馆特殊读者的个性化档案，在读者到馆期间提供个性化的文献服务。天津市图书馆自 2014 年 5 月开始，针对重点残疾读者组织送书上门活动，针对脑瘫儿童组织专长阅读活动，为有特殊需要的残疾读者提供个性化服务。

3. 从线下服务到线上服务

随着移动互联网的迅猛发展，我国的数字环境发展正步入新阶段。以大数据、智能化、移动互联、云计算等为代表的新兴信息技术快速发展、交融渗透。“大智移云”不仅深刻影响着人们的生活，更酝酿新一轮的产业变革。2016 年，李克强总理在政府工作报告中提出，要“制定‘互联网＋’计划，推动移动互联网、云计算、大数据、物联网等与现代制造业结合，促进电子商务、工业互联网和互联网金融健康发展，引导互联网企业拓展国际市场”。报告同时指出，要“倡导全民阅读，建设书香社会”[①]。这是在 2014 年政府工作报告中首次提出“倡导全民阅读”后，第二次将全民阅读写入政府工作报告，并首次提出“建设书香社会”。图书馆要紧紧抓住这个发展机遇，与互联网做加法，把数字图书馆作为“互联网＋”时代图书馆发展的新形势，借鉴互联网思维，充分运用新技术、新设备，持续开展国家数字图书馆和数字图书馆推广工程建设，加快向大数据时代的全媒体复合

---

① 李克强总理提出制定“互联网＋”行动计划[EB/OL].[2018－03－10].http://tech.china.com/news/net/156/20150310/19365177.html.

型图书馆转型,让阅读无所不在,使公共图书馆成为我们社会中最不可或缺的公共空间。

残疾人在社会生活各方面存在诸多不便与障碍,网络是残疾人在社会化过程中的补偿和代偿工具。对于图书馆而言,数字资源的灵活和互联网的无所不在为残疾人服务的发展提供了新的方向和契机。很多国家的机构团体和图书馆对数字、网络环境下的残疾人服务做出了有益的研究和探索,在实践中形成了各具特色的服务模式。公共图书馆在做好现有传统助残服务的同时,应大力加强数字助残服务,一方面创新网络信息导航、特色数据库、多媒体数据库等,使残障读者也可以同普通读者一样利用现代化的设备享受网络资源①;另一方面,图书馆应按照“信息无障碍”理念,设计图书馆网站,让它成为残疾人利用图书馆的“无障碍”虚拟入口,全面、深入地理解残疾人上网的访问方式、行为以及可能出现的障碍,并以此为基础,完善网站设计②。数字环境下的残疾人服务需要紧跟信息技术的发展趋势,不断地尝试创新,为残疾人服务提供更多的可能。目前来看,国内公共图书馆数字助残服务主要集中在以下几方面:

(1)以技术设备为支撑的本地服务

本地服务,是指在阅览室等图书馆的物理空间内为残疾人提供的信息资源服务。伴随着计算机通信的发展和辅助设备水平的提升,残疾人服务工作的内容和方式也产生相应的变化。数字环境下,本地服务模式的创新主要集中在通过先进的技术设备集中提供数字化的信息资源服务,或者开通“盲人电子阅览室”网站③,面向局域网用户,提供电子书、有声读物的资源服务。残疾人用户可以利用图书馆提供的设备与技术访问网络、数据库、目录和电子文档等。通过数字技术在馆区内为残疾人提供的数字资源服务,是对传统服务的补充。信息的点字化、音声化、文字放大化等电子化的残疾人服务方式和残疾人服务应用软件

---

① 韩睿琼.对完善图书馆盲人服务工作的几点思考[J].晋图学刊,2012(6):57-59.

② 王子舟,夏凡.图书馆如何对残疾人实施知识援助[J].图书情报知识,2007(2):5-18.

③ 齐向华,付宁.试论公共图书馆的信息无障碍服务[J].情报科学,2009(3):356-359,364.

的开发,使残疾人服务工作进入一个新的阶段。

1988 年,上海市盲人有声读物图书馆成立,成为内地残疾人数字图书馆的雏形。台湾地区各级图书馆分别设立盲人读物资料中心或盲人点字阅览室,还建立了盲人资讯网,盲人读者随时可以通过网络查询阅览点字图书或聆听有声读物①;南京图书馆设立"盲人有声资料图书室",开展面向视障读者的借阅服务。2003 年,各地纷纷涌现出一批盲人图书馆(室),有代表性的有北京市西城区图书馆的视障人图书馆、湖南图书馆颐而康盲人图书馆等。这些盲人图书馆(室)普遍配有盲文点显器和视障专用电脑,内装盲文转换软件、语音读屏软件和盲文书籍文本文件②,有些还配置了盲文刻印机、多功能数码助视仪等设备③,同时提供面对面朗读、送书上门及计算机培训等服务。2011 年,浙江省在建立盲人图书馆的基础上,改、扩建了浙江省视障信息无障碍服务中心,设有阅览室、语音图书制作室等七个功能分区。

2016 年,山东省视障数字图书馆建成,并推广山东省"光明之家"数字阅览室项目。该项目向山东省十七所盲校(特殊教育学校)发放"光明之家"视障数字阅览室专用设备,并正式在山东省市级以上公共图书馆和特殊教育系统开通"光明之家"视障数字阅览室,每个阅览室包含盲文学习机、盲用电脑、智能阅读机、听书机等 30 件先进的无障碍数字化设备和盲文图书、光盘。

在以技术为支撑的本地服务模式中,图书馆的工作主要集中在资源的数字化加工和新技术设备的应用。本地化服务是数字环境下残疾人服务的科普阶段,便于对残疾人用户进行计算机等相关技术应用的指导与培训,拓展视障人群的可获取资源量,改变视障用户资源的获取方式,实现从触觉到听觉的转变。

---

① 唐建华. 公共图书馆与盲人服务[J]. 图书馆理论与实践,2005(6):68 - 70.

② 吴冰芝,林锦芬,杨凌云. 图书馆服务视障读者研究[J]. 新世纪图书馆,2008(4):29 - 31.

③ 金怡. 盲人图书馆引入志愿者服务的探析——以无锡市图书馆盲人馆为例[J]. 图书馆研究与工作,2010(3):53 - 55.

(2)以资源平台为核心的在线服务

借助互联网的发展和应用,图书馆服务走出馆舍,为更多用户提供远程在线服务。远程在线服务使用户可以随时随地地获取图书馆信息资源。万维网联盟(W3C)的WAI(Web Accessibility Initiative,网页易读性倡议)组织发布的“WCAG2.0网页可访问性指南”从网页内容的可及性、网页的可操作性、可理解性、可操作性等方面对网页的可访问性进行了阐释,为残疾人网络服务提供了方向。在网站建设方面,通过使用读屏软件和放大浏览设备、配合合成语音和点字技术,使网站对于具有阅读障碍的读者来说完全无障碍。在这样的环境下,图书馆建设资源数据库、搭建数字资源服务平台并通过互联网提供实时在线服务。在数字资源服务平台的建设中,充分考虑残疾人用户的信息获取特点,通过技术手段对数字资源服务平台进行无障碍处理,消除残疾人用户在信息访问过程中的限制性因素,满足视障和其他不同类型残疾人用户的信息获取需求,让残疾人用户更加公平地获取文化信息资源。

2008年在文化部、中国残联的大力支持和共同努力下,国家图书馆与残联信息中心、中国盲文出版社联合建设了中国盲人数字图书馆网站(图4-1),盲人读者只需在电脑上安装读屏软件,在登录中国盲人数字图书馆网站(http://www.cdlvi.cn)后就可以使用网站资源。近期,中国残联与国家图书馆在继续为盲人朋友做好服务的同时,根据聋人朋友的特殊需求,积极开展视频资源加配字幕等方面的服务,并共同发起了“图书馆促进信息资源公平获取”行动。

中国盲人数字图书馆网站建设了包含新闻动态、电子图书、音乐欣赏在内的十个专栏,根据视力残疾人提供的书单,网站在前期共推出了173部中国古代典籍和若干现代图书,内容涉及医药卫生、历史、军事等领域。截至2013年,该网站共发布中文电子图书5929册,内容涉及文学、历史、医学、军事等各个领域的畅销书;发布有声读物320册,MP3音乐9578首,在线讲座视频1143场。除此之外,该网站还甄选出200多场“文津讲坛”的视频讲座,内容涵盖音乐、民俗、健康等方面。网站遵循国际信息无障碍标准进行设计和开发,符合盲人使用习惯,在技术上，采用了语音读屏和蓝牙通信技术，通过辅助软件和设备，使盲人朋友可以在没有时间障碍、空间障碍的情况下，像健全人一样享受国家图书馆丰富的资源和服务。中国盲人数字图书馆网站设计遵循 WCAG2.0 无障碍网页设计标准，符合 XHTML1.0 技术规则，适用于盲用读屏软件的应用；网站栏目规划简单清晰、分区清楚、导航明确；网站图片均有文字说明标注，在所有链接处添加提示文字；导盲快捷键(:::)的设置充分体现出为盲人朋友着想的建站细节设计原则，盲人读者可以利用快捷键快速到达各主要区域。

图 4-1　中国盲人数字图书馆网站

中国盲人数字图书馆对于受版权保护的内容，采取技术保护措施，持有第二代残疾人证的读者在注册登录后，经中国残联全国残疾人基础信息数据库和国家图书馆读者认证系统双重认证后，方可浏览使用数字资源，这是在保护著作权人权益的基础上，最大限度地满足残疾读者的阅读需求，对于已超过版权保护期限的数字资源,不需登录即可浏览。

为了提供更多的资源服务,国家图书馆和中国残联信息中心于2011年再度合作,共同建设中国残疾人数字图书馆网站,积极开展无障碍讲座,组建全国图书信息服务无障碍联盟,致力于为全社会提供普遍均等的信息服务。在网站栏目设置和资源遴选上,始终贯彻“以用户为中心”的服务理念和内容多样化、形式多样化的原则,遴选切实契合用户需求的资源类型和内容,兼顾研究型用户和大众读者的不同需求,按照“边建设边服务”的原则,各栏目内容将不断扩充。以资源平台为核心的在线服务模式,拓展了图书馆残疾人服务的时空范围;免去了残疾人用户的出行不便;便于资源的共建共享;随着计算机应用的普及,残疾人用户可以足不出户地在线享用图书馆提供的资源和服务,数字环境下的残疾人服务从科普阶段进入全面发展阶段。

(3)以便携设备为媒介的移动服务

随着移动互联和智能手机应用的发展,手机成为人们获取信息的重要载体之一。移动数字图书馆服务的用户人数多、范围广,移动阅读对于公共图书馆提倡的全民阅读推广也是一个新思路,加之智能手机的普及和手机上网用户数量的增加,在公共图书馆推广移动数字图书馆服务具有很好的用户基础和应用前景。移动数字图书馆可以为残疾人提供随身图书馆服务,通过手机短信、手机应用程序开发、移动阅读服务平台等方式为残疾人用户提供个性化的、可随时获取的服务。

国家图书馆移动数字图书馆(图4-2)服务体系包含手机门户、短彩信、移动应用程序、移动阅读平台服务内容。通过多种创新的服务形式、良好的用户体验,随时随地为读者提供拍照检索、移动OPAC、在线讲座、移动咨询、移动阅读等服务,展示图书、期刊、图片、音视频、全媒体等资源,使用户在任何时间、任何地点都可以检索到书目、联编书目、博硕论文信息,在线阅读公版全文图书,聆听讲座,欣赏馆藏老照片和各类展览资源。

图 4－2　国家图书馆移动数字图书馆

(4)手机短信推送

国家图书馆使用全国统一特服号“106988106988”为全国的移动、联通、电信手机用户提供读者服务。读者短信服务是国家图书馆最早利用移动技术为读者提供的服务方式,有效拓展与读者的信息沟通渠道。该服务内容包含图书催还、续借、预约到达通知、读者卡挂失、发表意见与建议等,读者在开通短信服务后即可免费享受这些服务项目。除此之外,用户通过手机或者掌上国图网站订阅国家图书馆的信息服务后,将定期收到推送信息,满足读者更广泛的需求。2012 年 8 月 1 日起,国家图书馆还推出了“文津经典天天读”服务,每天为读者介绍一条中华传统美德格言和一首古代诗词,通过 106988106988 发送至订阅手机[①]。

① 国家图书馆掌上国图[EB/OL].[2018－03－10].http://m.nlc.cn/client/index.jsp.

（5）APP 应用

APP 应用改变了用户通过输入网址登录获取信息的方式，只要在手机、Pad 等便携终端界面上点一下应用图标即可打开应用界面，可以为残疾人使用图书馆资源提供更加快捷的方式。国家数字图书馆应用包含服务和资源两大方面，为读者提供使用国家图书馆资源的便捷方式。该应用具有书目检索、二维 QR 码识别、微阅书刊、经典视听、读者卡服务等多项功能，方便读者使用、欣赏国家图书馆提供的各项资源。

厦门市图书馆在 2005 年底开通了“残疾人短信图书管理服务系统”①；2015 年四川省启动“智慧量服”工作，计划用 2—3 年时间，依托互联网时代云服务，为更多的残疾人送去个性化的服务，这些都是图书馆借助移动终端为残疾人提供服务的范例。以移动设备为媒介的移动服务模式，以其随身便捷的特点在很大程度上解决了残疾人用户生理上的不便，为残疾人用户“一人一策”的个性化服务提供了可能。图书馆移动服务使残疾人用户使用图书馆资源更加便捷，在资源和平台的建设中，图书馆应该深入关注残疾人用户需求，提供更多的有声资源，关注平台的无障碍和通用设计，同时应该加强移动数字图书馆服务在残疾人用户中的宣传和推广，让图书馆的移动服务广泛地汇集广大残疾人用户。

（6）其他新技术服务

数字环境为图书馆残疾人专项服务提供了更多的环境基础和便利条件，越来越多新颖的服务形式涌现出来。2009 年，“广州市盲人移动数字阅读工程”启动，广州图书馆将近 500 册电子图书、约 90 种期刊、145 个讲座、4 种报纸内容涉及历史军事、文化艺术的数字资源整合到 SD 卡中。视障人士只要把 SD 卡放到视障人士专用听读机中，便可以轻松获取预装在 SD 卡中的数字资源②。针对残

---

① “残疾人短信图书管理服务系统”12 月试开通[EB/OL].[2018－03－10].http://ent.sina.com.cn/x/2005-12-01/1524914266.html.

② 刘英华，李福坤.盲人数字图书馆——功能需求与技术架构的分析[J].图书馆学研究，2010(5)：25－28.

疾人的需要,创造出一个适合残疾人特点的多媒体虚拟学习环境,实现以虚拟方式提供网络教学方面的一切服务①。

六、专业服务队伍初具规模

公共图书馆逐步开展符合残疾人诉求的个性化阅读服务和信息服务,与之相对应的专业服务人员队伍也逐渐建立起来。近几年来,图书馆不断开展业务培训,引进专业人才,使得相关技术人才短缺、网络人才缺乏等问题也逐步得到解决。图书馆在服务岗位的人员安排上,充分考虑残疾人的特殊需求,在掌握图书馆专业知识的基础上,还要具备与残疾人进行基本交流的能力,对残疾人希望查询的信息进行有效辨识和筛选,为残疾人提供热心、准确、周到、细致的阅读服务。调研的公共图书馆中,有 35.8% 的图书馆设置了专职从事残障读者服务的工作人员。

鉴于残疾人特殊的生理、心理特征,公共图书馆在设置专业工作人员之外,还应加强这部分工作人员的岗位专业性,提升其业务素质。除此之外,图书馆要不断加强图书馆员相关培训,不断学习必要的医学和心理学方面的基础知识,设身处地地了解残疾人的阅读需求。2011 年,甘肃省图书馆开始实施“阳光工程”,免费接送视障读者学习,专设服务热线并配备专车,设专人负责接送视力残疾读者。宁夏回族自治区图书馆举办“盲人计算机读屏软件培训班”,除了培训有志愿进行电脑学习的视力残疾人外,还专门对本省各市县图书馆的残疾人服务专职人员进行培训。

七、服务合作范式逐步完善

近几年,图书馆残疾人阅读活动逐步受到社会各界的重视,各地区的残疾人联合会、机构组织和志愿者组织等各类型机构积极与图书馆展开合作,广泛利用

---

① 王子舟,夏凡. 图书馆如何对残疾人实施知识援助[J]. 图书情报知识,2007(2):5－18.

社会资源,策划和推进残疾人文化服务项目的开发。各地区的残疾人联合会提供活动政策、组织等支持,相关企业和志愿者组织提供经费和人力支持,不同机构间的相互合作既可以实现优势资源互补,又可以有效拓宽阅读推广范围。

目前,我国公共图书馆阅读活动合作的主要形式有:

1. 图书馆与残疾人联合会的合作

2009 年,广西壮族自治区图书馆与自治区残联共同策划组织"知识共享光明随行"系列活动,组织视障读者开展读书活动;合肥市图书馆、庐阳区残联在合肥市图书馆举办公益文化活动,形成固定的合作关系;2011 年,上海市残疾人联合会与上海图书馆共同举办残疾人阅读推广活动,为了更好地满足残障读者的阅读需求,上海文艺出版集团免费提供价值二十余万元的书籍;2013 年,广州图书馆与广东省残联、广州市残联、广东省盲协、广州市盲协等多家残疾人协会合作,共同举办国际盲人节庆祝大会。广州图书馆与志愿者组织展开合作,招募专门的视障人士服务志愿者,为视障读者提供更为周到和细致的阅读服务。

2. 图书馆与志愿者组织的合作

银川市图书馆与宁夏"爱心助盲读书支援服务队"开展光明助残活动,志愿者们为盲人阅读书籍、报刊,并辅助他们通过银川市图书馆的视障读者阅览室里的盲人语音识别系统浏览网页,了解国内外最新资讯。银川市图书馆联合宁夏医科大学青年志愿者协会、宁夏大学手语协会等志愿者组织组成"共享阳光·爱心助盲"志愿服务团队,为盲人送书上门。深圳市图书馆设立深圳视障公益影院,通过志愿者"讲"电影的方式,帮助视障人士走进电影世界,用耳朵去"看"电影。长沙市图书馆在其承办的长沙市第 28 届"国际盲人节"中,组织志愿者为盲人朗读经典读物,陪同盲人参观长沙市图书馆盲人阅览室。

3. 图书馆与媒体的合作

荆门市图书馆与荆门市盲协、楚天广播电台创建了掌上语音图书馆,为荆门市 3.8 万盲人朋友提供有声读物、电子图书等资源。金陵图书馆于 2012 年与南京新闻广播联合发起"朗读者"公益活动。该活动每年确定一个主题,年初通过网络、电台等途径招募朗读志愿者，吸引了社会各界的爱心人士和团队的加入，获得蓬勃发展和广泛关注①。

4. 图书馆与特教学校的合作

秦皇岛市图书馆将“真人图书”送进市特教学校，“真人图书”的主角是“感动秦皇岛”2005 年度人物曲晶，她以自己的亲身经历与特教学校的 20 余名孩子一起交流和分享对幸福与自由的感悟，以此鼓励孩子们自强不息，顽强拼搏，同时悉心解答了孩子们关于生活和学习的各种疑问和困惑。该馆的宣传工作也别具特色，与秦皇岛市残联、市电视台联合制作长达 14 分钟《用爱心为盲人撑起一片晴空》的专题片，播出后在社会各界引起很大反响；排演展现盲人图书室工作的小品《盲人图书室里的十分钟》，参加河北省第六届残疾人文艺会演并获创作、表演、辅导一等奖②。

5. 图书馆与社会组织的合作

2011 年，金陵图书馆与残疾人较为聚集的南京手佳盲人按摩保健中心有限公司等合作，建立了金陵图书馆盲文有声读物分馆。图书馆不定期向合作方赠送各类文献，同时也邀请残障人士代表到馆体验各类文化服务，开展朗读、慰问表演等活动③。该馆还与南京市盲人协会、南京市盲人学校、南京市聋人学校等团体合作，开展针对志愿者与残疾人沟通技巧以及朗读技能水平的专项教育培训。

---

①③ 刘博涵，张琛. 南京市公共图书馆残疾人服务调研与思考[J]. 国家图书馆学刊，2016(4)：29－35.

② 刘博涵. 河北省公共图书馆残疾人服务调研与思考[J]. 图书馆学研究，2016(18)：64－68.

第三节　存在的问题

一、对残疾人服务的认识不足

近年来,随着国家和社会对残障人群关注力度的增强,各级残联积极推动当地残疾人事业发展,图书馆开始逐步将残疾人服务纳入发展总体规划。但调研图书馆残疾人服务和设施利用情况的数据显示,只有3.5%的图书馆认为到馆残障读者较多,设施利用率较高;对于超过半数的图书馆来说,到馆残障读者较少,设备利用率低,甚至部分公共图书馆还没有专门的残疾人阅览室。图书馆残疾人服务设备陈旧、利用率不高、助残设备维护不够及时、盲文标识不够人性化等问题并未得到所有公共图书馆的重视。

究其原因,除了经费不够充足以外,主要就是残疾人服务处于公共图书馆服务较为边缘的位置,相对普通公众服务,残疾人读者人数较少,在整个图书馆服务中所占的比重很小,因此极易被忽视。从调研中可知,我国公共图书馆的残疾人服务起步较晚,部分图书馆的残疾人服务即使开展,也仍然远远无法满足广大残疾人对于服务的潜在需求,图书馆进一步发展和推广残疾人服务的任务极为紧迫。

提升残疾人服务认识需要从以下几方面做起:

1. 转变服务理念

图书馆不再将残疾人服务视为边缘化服务和小众群体服务,而应改变服务理念,倡导公平、均等、无差别的人性化服务,从被动为残疾人服务转变为主动为残疾人提供服务,对传统残疾人服务工作进行功能延伸与创新,积极探索适合残疾人生理、心理情况的多样性、灵活性、互动性服务方式,积极主动地关爱残疾人群体。

2. 明确服务对象,分类分级开展残疾人服务

残疾人服务对象除视障、听力语言障碍、肢残之外,还包括其他认识障碍的

人群,例如阅读障碍、书写障碍、色弱、智力残疾、交流障碍等多种类型①。目前国内图书馆面向残障用户的服务相对较为单一,更多偏向视障用户,针对听力残疾、智力残疾等其他残疾人群体开展的服务内容并不多,服务呈现不均衡的特点。因此,图书馆残疾人服务,首先应拓展服务对象,注重残障类型之间的差异性,不应局限于某类残障群体,而应针对残障类型开展差异化的服务。

以安徽省图书馆为例,其残障人士阅览室由原来的盲人阅览室扩建而来,服务对象也由盲人扩展为所有的残障人士。但阅览室内的文献资源仍以盲文图书和视听资料为主,并没有为其他类型的残疾人增加所需的特殊文献,配备的助残设备也多以盲文点显器、阳光读屏软件等盲用设备为主。图书馆残疾人服务是一项复杂的工作,不同类型的残疾人由于其自身条件限制,所需的文献、服务、助残设备也不同,不能进行简单的服务堆叠,而应做到因人制宜。安徽省图书馆的这一现象具有普遍性。目前,国内图书馆在视力残疾、听力残疾、智力残疾等残疾群体方面的服务并不均衡,大多数公共图书馆都是针对视障读者开展无障碍阅读服务,针对其他类型残疾人读者的服务较少。

3. 重视服务对象需求

一方面进行广泛深入的调研工作,开展针对不同残疾人群体的文化需求调研,促进公共数字文化服务与群众需求有效对接;开展针对文化产业的全面调研,提高数字资源服务的精准性。另一方面着力引导残疾人需求,增加用户黏度,广泛开展宣传推广工作,打造诸如“中国盲人数字图书馆”“为盲胞读书”等特色品牌和拳头产品。

有些图书馆还注重提升对残疾人的人文关怀,积极开展残疾人读者座谈会、文娱活动等。秦皇岛市图书馆举办读者新春座谈会,举办主题为“向着光明飞翔”的演讲会,组织本市盲人棋牌赛、乒乓球联谊赛,与街道共同举办“阳光关爱,文化助残——秦皇岛图书馆助残日赠书活动”;还设置残疾人热线电话,让残疾

① 陈婧,臧可,邓亚. 日本图书馆残障读者服务探析[J]. 图书馆建设,2016(1):61-66.

读者享受更加便利的服务,也为拓展公共图书馆服务领域开辟了更广阔的空间。

二、残疾人权益保障政策尚需细化和落实

中国残疾人联合会成立和《中华人民共和国残疾人保障法》颁布实施后,残疾人事业进入权利保障期,图书馆为残疾人服务才真正意义上迈出了坚实步伐。《中华人民共和国残疾人保障法》第三条规定:“残疾人在政治、经济、文化、社会和家庭生活等方面享有同其他公民平等的权利。”[①]这是在法律上对残疾人应获得的平等权利做出的规定,但在图书馆残疾人服务方面的体现却显不足。法律也未对图书馆残疾人服务做出明确规定,图书馆残疾人服务的开展也就无法可依。

相比之下,国外发达国家则起步较早。美国图书馆协会(ALA)1948 年颁布实施的《图书馆权利法案》规定“无论技术、格式、递送方法,图书馆提供的直接和非直接信息资源应便利、公平、平等地提供给所有图书馆用户”[②],这在法律上规定了图书馆应该保障所有公民平等获取知识信息的权利。英国颁布的《残疾人保护法案》中对图书馆为残疾人服务做了界定,认定公共服务机构如果拒绝为残疾人提供服务或故意不为残疾人提供服务的做法不合法;同时规定,如果公共服务机构故意造成残疾人无法享用或者很难享用公共服务的情况也不合法[③]。

鉴于此,应制定适用于图书馆残疾人服务的法律法规和服务政策,明确图书馆为残疾读者服务的规定、要求、具体服务措施等,进一步明确残疾人在图书馆服务中应享有的权利,做到有法可依,有规可循,在残疾人读者利用图书馆时充分保障其权利。另一方面,调查也发现,由于残疾人群体的特殊性,在社会生活中会常受到种种歧视。追求平等待遇,与正常人同样享受信息资源,是残疾人用

---

① 中华人民共和国残疾人保障法[EB/OL].[2018-04-20]. http://www.npc.gov.cn/npc/xinwen/2018-11/05/content_2065632.htm.

② 郝建南.国外图书馆弱势群体服务制度略探[J].图书馆,2011(4):89-92.

③ Disability Discrimination Act 1995[EB/OL].[2018-04-26]. http://www.legislation.gov.uk/ukpga/1995/50/contents.

户的普遍心理[①]。因而,在完善法规政策的同时,也应进一步转变观念,树立平等意识,确保残疾人的平等地位,维护残疾人的权利和尊严。

除了法律法规以及图书馆服务政策以外,残疾人服务的经费来源也是一个严重的问题。图书馆的经费来源有财政专项拨款、残联拨款、自筹等方式,但是很多图书馆开展残疾人服务缺乏必要的、稳定的资金支持,部分图书馆出现了经费投入较小或逐年减少、设备更新维护不及时、馆藏资源无法进一步扩充等问题,图书馆残疾人服务处于衰退或停滞状态。这已经成为图书馆开展残疾人读者服务的瓶颈。究其原因,是图书馆残疾人服务处于公共图书馆服务较为边缘的位置,极易被忽视。在现阶段公共图书馆免费开放大背景下,作为公益事业的图书馆应该尽其所能为残疾人获取知识和信息提供便捷。因此,图书馆需要尽可能争取到专项资金支持,实行专款专用,并保持来源稳定,以确保残疾人服务的正常开展和研究的有序运行。

三、残疾人服务发展不均衡

通过这次调查可以看出,我国公共图书馆提供给残疾人用户的服务面相对较窄,存在文献资料有限、读者活动形式单一、残障资料及设施利用率低等问题,图书馆进一步发展和推广残疾人服务的任务极为紧迫。

1. 区域发展不平衡

我国公共图书馆的残疾人服务起步较晚,部分图书馆的残疾人服务虽已开展,但服务能力仍显不足,无法满足广大残疾人需求,这一现象在地域差异上表现得尤为明显。

1986 年广东省中山图书馆就出现第一条轮椅通道,1988 年上海也成立盲人有声读物图书馆,而四川省图书馆和西藏自治区图书馆直到 2016 年才为残疾人设立了专门的阅览室。我国大部分地区的图书馆仅可以提供盲文图书、有声读

① 李美红. 图书馆残疾人用户信息服务探讨[J]. 图书馆工作与研究,2005(4):43-45.

物等文献，仅有东部少数城市，如上海图书馆能提供大字体读物、有声化 OPAC、有声电影等多种文献类型。

除地域发展不平衡外，省级图书馆和市区级图书馆之间也存在着发展不平衡的问题。以特殊文献的数量为例，在基层分馆，盲文图书可能只有几十册，文献内容相对单一，一般只涉及医学、教育、语言、法律等几个类别，更新也比较慢，很多图书馆可能一年也进不了几本新的盲文书。很多图书馆的残疾人信息无障碍资源形式大于实质，甚至一些基层图书馆考虑到经费问题，将一层活动区域设为商业活动场所，而将残疾人阅览室设在二楼或其他不方便残疾人进出的区域，且其助残设施设备简陋，无障碍设施缺失程度较高，针对残疾人的服务措施很难开展到位。

2. 残疾人服务提供不足

调查研究表明，无论从馆藏资源、服务空间还是人员、经费、管理等方面来看，当前我国公共图书馆残障用户服务的开展仍处于探索阶段，国内大多数图书馆残疾人知识援助的水平还处于初级摸索状态。

"帮助"或"照顾"模式是大多数图书馆残疾人服务所采用的模式，图书馆残疾人服务方式单一也是国内多数公共图书馆所面临的问题。对传统残疾人服务工作进行功能延伸与创新的动力相对缺乏，对残疾人服务的多样性、灵活性、互动性重视度不够。图书馆可尝试开展盲童亲子互动故事会，请父母与儿童一起参与制作图画书；为视障用户提供盲文翻译服务，由志愿者代译药品说明书等，以满足残疾人读者的服务需求，提高服务水平，拓展服务范围。

3. 残障设备利用率不高

对于图书馆残疾人服务和设施的利用情况，只有 3.5% 的图书馆认为来馆残疾人读者较多，设施利用率较高；对于超过半数图书馆（54.8%）来说，到馆残疾人读者较少，设备利用率低。以石家庄市图书馆为例，石家庄市图书馆作为省会城市图书馆，服务视障读者人数仅为36人[①]。究其原因，残疾人群体因出行不便且缺少利用网络等媒体的能力是主要因素；同时，也存在图书馆残疾人阅览室设备陈旧、盲文标识不人性化、可借阅的文献有限等客观因素。

四、残疾人服务宣传亟待加强

社会及媒体对图书馆宣传力度不够，很多残疾人不了解图书馆开展的服务内容，甚至有些残疾人对图书馆还存在一些成见和误解，例如认为图书馆的收费很高、去图书馆可能会遭到歧视等，尤其是缺乏主动利用图书馆的意识。实际调研中，确实有图书馆反映在开展残障读者活动时，会面临这样一个困惑：受众少。公共图书馆能提供的一些资源，盲校学生并不缺乏，而多数残疾人，尤其是那些散落在远郊县甚至偏远山区的残疾人，却又对图书馆提供的残障资源与服务闻所未闻，图书馆残疾人服务处在一个很尴尬的状态，这同时也说明图书馆现有的宣传辐射面还比较窄，在残疾人群体中并未形成相应的影响力。

对于数字图书馆而言，虽然它的特性决定了它能更好地为残疾人读者提供服务，但也存在宣传不到位的问题，并没有真正惠及广大残疾人读者。在调研过程中发现很少有残疾人读者了解数字图书馆业务，更多的残疾人读者还只能利用传统的实体馆藏服务。

残疾人因其自身条件，依赖网络、广播、电视等媒介接受信息，各公共图书馆需多方位考虑残疾人需求，增强无障碍服务的立体化宣传力度，兼顾残疾人线上、线下服务工作，组织残疾人读者活动的同时，关注广播、电视、网络等媒体报道，让更多的残疾人能够熟知图书馆残疾人服务。调研中了解到，多家公共图书馆都有自己的官方网站和微信公众号，但根据调研问卷反馈，经常开展残疾人服务宣传的仅有河北省图书馆、秦皇岛市图书馆等少数图书馆，其他图书馆仅为偶尔宣传或基本无宣传。

---

① 刘博涵. 河北省公共图书馆残疾人服务调研与思考[J]. 图书馆学研究，2016(18)：64－68.

调研对象普遍反映图书馆很多好的活动都无法及时知晓，但又存在使用需求。针对这一问题，图书馆应建立残疾人服务宣传推广的长效机制，定期、可持续地开展残障活动推广工作，形成品牌效应，在传统媒体与新媒体渠道上进行多方位宣传与推广，如开展针对残疾人的微博、微信公众号服务[①]，主动向残疾人推送图书馆的新闻资讯、活动通知，残疾人还可以根据自身需要进行资源定制服务，只需点击推送链接就可轻松获取相关资源。

五、物理与网络的无障碍环境尚待完善

残疾人受自身条件的制约，在利用图书馆设施和资源时会面临种种困难。公共图书馆应重视并加强图书馆无障碍环境的构建，主要包括：物理环境的无障碍及信息和交流的无障碍。

1. 完善和规范物理环境的无障碍建设

对于广大公共图书馆来说，一方面，在图书馆建设过程中要充分考虑到残疾人读者的特殊需求，遵循保障残疾人无障碍使用图书馆的设计要求，消除残疾人在利用图书馆过程中的物理障碍。图书馆要依据不同残疾类型配备专业化的助残设备、残障阅读设备、残障生活设备等，如为肢体残疾人配备坡道、无障碍卫生间、低位柜台、轮椅阅览区等，为视力残疾人配备馆舍楼层平面图的点字说明、馆内指引盲文版、可触摸的馆内向导图、残障人士专用警报装置等，为听力语言残疾人配备听力辅助广播系统和导听系统等。

此外，图书馆配备的无障碍设施是否遵循人性化设计、空间布局是否合理、建设标准是否规范、盲道是否被占用、维护是否及时、电梯是否有点字按钮和语音提示、各项服务是否有字幕提示和导听系统等问题也是残障读者关注最多的问题。图书馆阅览区应实现一站式借阅，使他们尽可能地在同一区域获得想要的图书资源，并配备点字打字、打字机、语音计算机、盲用电脑等辅助设备方便阅

---

① 王燕荣，李春明. 安徽省图书馆残障服务调研分析[J]. 国家图书馆学刊，2016(4)：22－28.

读。如有必要,在图书馆建筑整体规划与装修设计时可请残障读者共同参与,在引进新型助残设备时也可请残障读者优先试用。

2. 加强信息环境的无障碍建设,推进线上助残服务

对于因为时间、空间限制而无法到馆的残疾人,图书馆除了做好阵地服务外,也应适时完善针对各类型残障用户的数字图书馆服务。通过调研可了解,残疾人的阅读习惯兼有传统纸本阅读和网络数字化阅读,而在实际过程中,利用数字图书馆的资源和服务的残障用户并不多。究其原因,一方面是图书馆网站的信息无障碍建设并不完善,另一方面是针对残障用户的数字文献资源并不丰富。

在网站建设方面,图书馆网站应该通过使用读屏软件和放大浏览设备,配合合成语音和点字技术,完善网站的无障碍建设。应用清晰和严谨的设计,包括对音视频内容进行描述等,确保内容和图片在不使用色彩的情况下都能够被正确理解。但在调研过程中,国内大部分图书馆网站并没有开展信息无障碍建设,兼容盲屏软件仍有困难,视力残疾人使用图书馆网站仍存在各种不便利。

在文献资源建设过程中,也要充分考虑到不同类型残疾人的特殊需求,积极拓展数字文献资源种类,确保不同类型的残疾人在图书馆都能够各取所需。具体实践中,可以为视障读者提供大字书、盲文书,适当引进电子盲文、无障碍电影有声书数据库、优质音视频资源等;为听障读者提供声像读物、文字标识;为智障读者提供一些低难度读物和趣味读物。

六、专门服务机构与馆际合作尚需进一步加强

残疾人服务是一项复杂的工作,图书馆应专设残障读者服务机构,安排专门的服务人员对残疾人服务,开展残障培训以及对残障活动进行规范管理,定期调研到馆和潜在残障用户的服务需求,听取他们的建议,进而制定合宜的服务安排①。此外,在服务人员的设置上,可以采用专职馆员、兼职馆员与志愿者协同服

---

① 刘源. 高校图书馆残障读者无障碍服务策略研究[J]. 科技情报开发与经济,2015(5):72-74,76.

务的模式。为残疾人服务的专职馆员，不仅要掌握图书馆专业知识，还应具备与残疾人沟通的技能，如盲文与手语。图书馆还可以聘请兼职馆员，兼职馆员可利用自己的专业知识为残障读者提供专业化知识组织的服务。此外，图书馆还要积极引进志愿者服务模式，充分利用志愿者开展面对面朗读服务、代查代检服务、馆内窗口引导服务等①。

公共图书馆的公共性和资源的有限性决定了各馆必须注重资源的整合及共享。在调研中，各地图书馆因地方政府重视程度不一、经费限制等原因，残障资源状况参差不齐，相关文献分布不均或资源重复建设。各级图书馆应将残障文献资源建设统筹考虑，加强各图书馆之间、各文化机构之间的合作交流、整体协调，将残障文献资源建设纳入全省乃至全国文化建设的统一规划，通过开展馆际互借、资源共建共享等来提高残障文献资源的保障率和利用率。

各级公共图书馆可以通过合作建立残疾人文献资源联合目录、开发数字化文献资源、构建盲文有声读物特色数字资源库等方式，通过网络传输或邮政传递系统，实现资源的共建共享，以实现公共图书馆数字资源与本行政区残联所辖各类阅读设备终端互联互通、共享共用②。在此基础上，各公共图书馆还可合作开展面向残疾人的有针对性的活动。

---

① 王燕荣，李春明．安徽省图书馆残障服务调研分析［J］．国家图书馆学刊，2016（4）：22－28．

② 刘玮．盲文图书资源共享的有益实践：从编制《大连市盲文图书联合目录》谈起［J］．图书馆学刊，2013（5）：33－35．

第五章　图书馆残疾人服务规范

关心残疾人，为残疾人提供平等、优质的公共服务是社会文明进步的重要标志。面向残疾人开展图书馆服务是图书馆精神的内在要求，也是图书馆必然的职责。图书馆残疾人服务规范是图书馆残疾人服务标准化、规范化和科学化发展的保证，也是提升服务能力和质量的依据。各国政府和有关机构纷纷出台相关法律、法规和标准规范，图书馆界也制定了一系列面向残疾人服务的规范和指南。本章在总结国内外图书馆残疾人服务规范的基础上，对我国图书馆残疾人服务规范的制定思路进行分析，并提出我国公共图书馆残疾人服务的规范草案。

第一节　国内外标准规范现状

图书馆残疾人服务应该遵循或参考的标准规范包括通用型规范和图书馆专门规范。通用型规范是指面向残疾人制定的、社会各界均应遵循或参考的标准规范，主要包括无障碍建筑规范、信息无障碍规范等；图书馆专门规范则是指专门对图书馆残疾人服务的内容、指标、质量等进行约定的规范。

一、通用型标准规范

1. 环境、设施无障碍规范

国际标准化组织制定了《房屋建筑建筑物中残疾人的需要设计指南》(ISO/TR 9527—1994)，对用户界面设计、影像和符号设计以及建筑物设计做了说明。该规范适用于一切建筑，对于图书馆建筑同样具有指导意义。美国、英国、日本等发达国家均制定了本国的无障碍设计规范。

2010年,美国修订了《残疾人法案无障碍设计标准》,对公共建筑的路线、标识、停车场等都做了规定,并且从针对肢体残疾向“通用设计”发展,纳入了精神和智力残疾,还包括了阅读障碍群体①。英国标准协会制定的《满足残疾人需求的建筑物及其通道的设计实施规程》(BS 8300—2009 + A1—2010)对建筑物及其通道的设计实施规程进行了详细说明。日本在2005年提出了《无障碍新法》,在总结历史上曾经制定的无障碍标准和相关法律的基础上,对公共建筑的无障碍设计内容进行了扩充,在服务对象上也从肢体残疾逐渐扩展为“通用设计”的思路。

2012年我国实施的《无障碍设计规范》(GB 50763—2012)规定了无障碍设施的设计要求,其中包括盲道、无障碍出入口、轮椅坡道、无障碍通道、门、无障碍电梯、无障碍厕所、扶手、无障碍标识系统、信息无障碍等。其中,在馆舍改建方面,对图书馆的规定有:“图书馆、文化馆等安有探测仪的出入口应便于乘轮椅者进入;图书馆、文化馆等应设置低位目录检索台;县、市级及以上图书馆应设盲人专用图书室(角),在无障碍入口、服务台、楼梯间和电梯间入口、盲人图书室前应设行进盲道和提示盲道;宜提供语音导览机、助听器等信息服务。”各地方也有相应的无障碍设施设计标准,例如上海市工程建设规范《无障碍设施设计标准》(DGJ 08 - 103—2003)、天津市工程建设标准《天津市无障碍设计标准》(DB/T 29 - 196—2017)等。这些标准主要保障对象为传统意义上的肢体残疾人。

2. 信息无障碍规范

信息无障碍是指任何人(无论是健全人还是残疾人,无论是年轻人还是老年人)在任何情况下都能平等的、方便的、无障碍地获取信息、利用信息。推动信息无障碍的目的是通过电子、信息技术和网络,让信息对尽可能多的人而言更加可用和易用②。从20世纪90年代起,信息无障碍逐渐引起人们的关注,形成一系

---

① 贾巍杨,王小荣. 中美日无障碍设计法规发展比较研究[J]. 现代城市研究,2014(4):116 - 120.

② 朱磊. 以人为本　清除障碍——漫谈中国信息无障碍标准[J]. 互联网天地,2006(S1):32 - 33.

列标准规范。

(1)国际标准化组织

国际标准化组织是全球性的,致力于国际标准制定的重要组织,其制定的《信息技术—用户界面—简易操作设置用无障碍用户界面》(ISO/IEC 24786—2009)、《信息技术—影像和被所有用户(包括年长者和残疾人)认可的符号设计指南》(ISO/IEC TR 19766—2007)对用户界面设计、影像和符号设计做了说明,对图书馆开展残疾人服务具有重要指导和借鉴意义。

(2)万维网联盟

万维网联盟是网络技术领域最具权威和影响力的国际中立性技术标准机构,其制定发布的《Web 内容无障碍指南 2.0》明确提出在网站开发过程中所应该遵循的原则,以确保网站对于不同群体来说都是易于访问的。该指南是目前业界普遍遵循的原则,美国、加拿大、澳大利亚等各国纷纷在此指南的框架内制定本国的相关法律法规、建设标准。其要点如下:

①可及性

为所有非文本内容提供替代文本以适应不同特定要求人群的访问需求。为基于时间的媒体(音视频)内容提供描述性语言。创建的网页内容可以不同的方式进行展现,且不丢失任何信息和结构。网页文字内容与背景相互独立,以方便使用者易于阅读和听取内容。

②可操作性

所有功能均可通过键盘及键盘替代物进行操作。不适用可能引起癫痫的光敏性内容的表现方式(诸如闪烁,高亮等)。提供可选择的方式,帮助用户查找内容、导航和判断所在位置。

③可理解性

文本内容可读、易于理解。内容的安排和功能性是可预测的。帮助用户避免错误,并在出现错误时予以纠正。

④兼容性

最大限度地兼容目前及未来所可能使用到的辅助技术。

(3)国家标准协会

各个国家的标准协会根据自己国家的实际情况制定了一系列相关标准规范用于指导本国的残疾人事业发展。其中主要有:

美国国家标准学会制定的《信息技术—残疾人无障碍考虑 第1部分:用户需求概要》(ISO/IEC TR 29138-1:2009)、《信息技术—残疾人无障碍考虑 第2部分:标准清单》(ISO/IEC TR 29138-2:2009)、《信息技术—残疾人无障碍考虑 第3部分:用户需求映射指南》(ISO/IEC TR 29138-3:2009)、《信息技术—为改善老年人和残疾人使用信息技术产品而提供访问功能和设施的图标和符号的综述》(ISO/IEC TR 19765:2007)对残疾人可访问性的技术需求做了说明。

英国标准协会制定的《网络可访问性实施规程》(BS 8878—2010)对网络的可访问性进行了详细说明。

日本工业标准调查会制定的《老年人和残疾人指南—信息和通信设备、软件和服务 第1部分:通用指南》(JIS X 8341-1—2010)、《老年人和残疾人用指南—信息和通信设备、软件和服务 第3部分:网络内容》(JIS X 8341-3—2010)和《老年人和残疾人指南—信息和通信设备,软件和服务 第6部分:软件可访问性导则》(JIS X 8341-6—2010)。

中国国家质量监督检验检疫总局于2008年发布的《标志用公共信息图形符号 第9部分:无障碍设施符号》(GB/T 10001.9—2008)规定了供残疾人、老年人、伤病人及其他有特殊需求的人群使用的无障碍设施的标志用公共信息图形符号。工业和信息化部从2008年开始陆续发布了一系列关于“信息无障碍”的相关标准,其中《信息无障碍 公众场所内听力障碍人群辅助系统技术要求》(YD/T 2099—2010)规定了公共场所聋人信息无障碍辅助系统技术要求,适用于在公众场所建设的聋人信息无障碍辅助服务系统;《信息无障碍 术语、符号和命令》(YD/T 2313—2011)规范了信息无障碍中的术语、符号和命令,适用于信息无障碍中的术语、符号和命令的解释、翻译和应用;《信息无障碍 身体机能差异人群 网站设计无障碍技术要求》(YD/T 1761—2008)规定了无障碍上网的网页设计技术要求,其中包括网页内容的可感知性要求、接口组件的可操作性、内容和控制的可理解性要求、内容对现有和未来可能出现的技术的支持能力要求等;《信息无障碍 身体机能差异人群 网站设计无障碍评级测试方法》(YD/T 1822—2008)则规定了无障碍网站的评级测试方法;《信息无障碍 用于身体机能差异人群的通信终端设备设计导则》(YD/T 2065—2009)根据身体机能障碍、感官感知障碍、认知障碍、沟通障碍和混合型障碍人群的表现,给出了支持信息无障碍设备的总体设计原则;《信息无障碍 呼叫中心服务系统技术要求》(YD/T 2097—2010)规定了呼叫中心信息无障碍服务技术要求,其中包括无障碍呼叫服务平台的构成、参考模型、服务类型、无障碍呼叫核心系统要求、普通呼叫中心要求、服务流程、安全性要求等;《信息无障碍 语音上网技术要求》(YD/T 2098—2010)规定了利用语音方式访问互联网的技术要求,包括语音上网服务系统结构、设备功能要求、Voice XML 系统架构、语音标记语言格式、语音浏览器与语音服务器信息交互格式、语音服务系统安全性要求等。

除此之外,我国还有其他一些关于残疾辅助器材的相关标准,比如:《盲杖 第1部分:安全色标志》(GB 16930.1—2014)、《康复辅助器具 分类和术语》(GB/T 16432—2016)、《盲杖 技术条件》(GB/T 16930.2—2009)、《双臂操作助行器 要求和试验方法 第1部分:框式助行架》(GB/T 14728.1—2006)等。

二、通用型技术专利

通过“中国专利全文数据库”对国内外关于残疾人服务方面的专利进行了调查,通过“残疾人”“盲人”“阅读”等检索词,共检索出中文专利50条,外文专利52条。其中中文专利方面,旨在方便残疾人日常生活活动的专利14条,占28%,旨在方便残疾人信息获取的专利36条,占72%。外文专利方面,旨在方便残疾人日常生活活动的专利34条,占65.4%,旨在方便残疾人信息获取的专利18条,占34.6%。

1. 国内专利

（1）方便残疾人日常活动的专利

方便残疾人日常生活的实物专利主要包括：肢体残疾人专用笔、无手残疾人饮水机、手部残疾人使用雨伞、可上落楼梯的残疾人电动车、辅助残疾人行走的轮椅、方便残疾人使用电脑的轮椅、方便视障者阅读的手表和适合盲人使用的电话机等。

方便残疾人日常生活的终端系统专利主要包括：可使残疾人通过说话来控制家用电器的语音识别环境控制系统；残疾人环境信息获取方法及其装置，可以使感官或行动受限的残疾人轻松获得周围环境的信息，并对这些信息做出判断和指令，使残疾人的人身安全得到保证；基于网络服务平台的残疾人专用移动通讯终端，通过网络服务平台将服务系统和残疾人联系起来。

（2）方便残疾人获取信息的专利

方便残疾人使用电脑的终端设备有残疾人专用鼠标、残疾人专用键盘、无手残疾人专用电脑输入装置及其方法。

方便视障人士及残疾人阅读的终端设备有无手残疾人翻书器、残疾人书架、盲人学字与阅读板、盲人显示面板及其制造方法、盲人有声工具书与自动信息查询语音播放系统、盲人阅读笔、盲人阅读器、视障人士专用手持阅读终端装置等。

方便残疾人获取信息的系统方法主要有：盲人电脑屏幕及其控制方法；盲人书籍和印刷方法及语音播放设备和播放方法；辅助盲人阅读短消息的方法和终端；面向视力残疾人网页内容无障碍访问的图片自动描述方法；残疾人可使用软件的实现方法，通过语音输入和语音控制代替键盘和鼠标操作；视线跟踪方法及应用该方法的残疾人辅助系统，实现轮椅控制和音乐播放控制、文本阅读和网页滚动的功能。

2. 国外专利

（1）方便残疾人日常生活的专利

方便残疾人日常生活的具体实物专利包括残疾人专用洗手间、老年人和残疾人使用的升降浴室座位、残疾人使用的运动器械、弱视及盲人的电子旅行助手、盲人铺路板、盲人声音发生器、盲人使用电话、盲人手杖、为盲人及聋人提供的设备、为小孩和盲人提供的可发声的耳温计、盲人身份信息卡或者信用卡、盲人使用的手表、便于盲人行走的装置、盲人定向设备、盲人路障检测设备等。

方便残疾人日常生活的系统方法专利包括控制电梯系统的方法、帮助身体残疾人行走的控制系统、盲人乘车声音询问指引系统、盲人定位导航系统及方法、盲人进门控制系统等。

(2)方便残疾人获取信息的专利

方便残疾人获取信息的终端设备专利有盲人使用的触觉形象电脑、专用鼠标、盲人使用键盘、盲人使用的可阅读的电子卡、盲人使用显示器、盲人阅读装置及阅读器等。

方便残疾人获取信息的系统方法专利主要有残疾人使用的数据通信系统、便于残疾人使用电子手持设备的系统和方法、盲人使用短信息的系统和方法、为盲人提供的便携图书拍照系统、帮助盲人获取纸质文件信息的系统和方法、残疾人多媒体交流用户界面和提高认知障碍人群理解的系统和方法等。

三、图书馆残疾人服务的专门规范

1. 国际图联(IFLA)关于残疾人服务的相关指南

在图书馆残疾人服务方面,IFLA 曾经发表过一系列指南,对图书馆的残疾人服务具有一定的指导意义。

(1)《聋人图书馆服务指南》(*Guidelines for Library Services to Deaf People. 2nd Edition*,IFLA 第 24 号专业报告)[①]

此报告 2000 年修订出版,从通讯、资源建设及服务等方面为图书馆服务聋哑人的工作提供了指南与相关规范。

---

① Guidelines for Library Services to Deaf People. 2nd Edition[EB/OL]. [2018-06-06]. http://www.ifla.org/VII/s9/nd1/iflapr-62e.pdf.

①通讯部分

通讯部分指出所有图书馆工作人员都必须接受如何有效与聋人沟通交流的相关培训；在图书馆的主要服务点提供文本电话（text telephone）；在图书馆，读者或工作人员使用的电话都需配备扩音设备；图书馆应确保其网站对于聋人读者的完全可及性；图书馆必须利用有助于聋人交流的最新技术；图书馆必须具备通讯辅助设施，诸如那些能够提供计算机辅助实时字幕或记录的听力系统与设备。

②资源建设

图书馆必须为聋人及听力障碍读者提供与聋人相关的所有资源。图书馆必须收集、维护并且提供一切有关教育、职业咨询和无偏见的面向聋人的方案等信息。图书馆要入藏并为聋人提供有趣易读的文献。图书馆必须收集保存配有手语的视频或电影资源，并提供充足的配套播放设备。可视非印刷材料应该成为图书馆馆藏不可或缺的一部分，以满足为聋人读者提供服务的需要。电视视频节目以及其他音频媒体应该进行标注加以文字说明，使这些节目能够被有听力障碍的人所理解。

③服务

图书馆的所有藏品，服务都必须制成可供聋人使用的。图书馆必须提供手语指导方面的节目内容。图书馆必须为聋人读者提供本地知识普及节目的信息。图书馆必须确保图书馆的知识普及活动能够迎合聋人个体的需求。图书馆必须覆盖网络上所有本地与聋人相关的数据库与信息。图书馆必须在网站上提供与聋人相关的多种电子数据库的链接。

在该报告中，IFLA 弱势人群服务图书馆专业组指出了图书馆为听觉障碍人群提供信息无障碍服务的参照标准。除上述具体条目外，报告还对其文中所涉及的诸多概念，例如听力辅助系统、文字标注、电脑辅助笔记记录、解码器等进行了详细解说与定义。报告专门指出，图书馆应该加强营销理念，宣传它为聋人群体提供的特殊服务。

（2）《阅读障碍群体图书馆服务指南（修订与扩展）》（*Guidelines for Library*

Services to Persons with Dyslexia-Revised and extended，IFLA 第 70 号专业报告)[①]

该报告出版于 2001 年，旨在引起全球图书馆界对阅读障碍(失读症)群体的关注，对于面向该群体的图书馆服务提出专业建议。

(3)《信息时代图书馆盲人服务发展指南》(*Libraries for the Blind in the Information Age-Guidelines for Development*，IFLA 第 86 号专业报告)[②]

该报告于 2005 年出版，为信息时代图书馆服务盲人提供意见和建议。主要内容包括：图书馆相关法律法规介绍，公共图书馆盲人服务实例介绍，针对不同群体的服务手段，馆际合作与资源共享，馆藏建设政策与规划，馆藏资源及服务的可及性，基于视觉获取的图片、视频等资源的替代形式研究等。

(4)《残疾群体利用图书馆——检查清单》(*Access to libraries for persons with disabilities—CHECKLIST*，IFLA 第 89 号专业报告)[③]

该报告由 IFLA 秘书处在 2005 年出版发行，是关于图书馆界为各类型残障人士提供信息服务的指南。该报告从物理设施、馆藏资源类型和服务、与社会残疾人组织和个人交流三方面为图书馆的所有用户提供平等的机会，部分内容涉及数字图书馆为残障人士服务的资源建设等。其主要内容包括：

①资源建设方面

该报告指出图书馆应为残疾人提供特定格式的多媒体资源，包括下列几种：有声读物、有声报刊、大字体印刷书籍、易读书籍、有字幕或配备手语解说的 Video/DVD、电子书和触觉画册等。

②计算机使用方面

该报告明确提出，图书馆在向残疾人用户提供服务时，应配置适合残疾人使

---

① Guidelines for Library Services to Persons with Dyslexia[EB/OL]. [2018-06-06]. http://archive.ifla.org/VII/s9/nd1/iflapr-70e.pdf.

② Libraries for the Blind in the Information Age Guidelines for Development[EB/OL]. [2018-08-06]. http://www.ifla.org/files/assets/hq/publications/professional-report/86.pdf.

③ Access to libraries for persons with disabilities—CHECKLIST[EB/OL]. [2018-08-06]. http://www.ifla.org/files/assets/hq/publications/professional-report/89.pdf.

用的计算机和辅助设备，并提供快速和可靠的技术支持，同时指出更具体规则与信息可从 http://www. w3c. org/wai 及 http://bobby. watchfire. com 中获取，关于此两网站所涉及的相关具体内容下文将进行具体介绍分析。

③如何为残障读者提供信息

报告对如何为残障读者提供信息分别提出了建议，为视障人士应该提供大字体读物、磁带、CD/DVD 或 DAISY（数字式声音信息系统）格式的信息资源、点字读物和无障碍的图书馆网站信息资源等；为听障人士应该提供配备手语或字幕的视频资源、开通电子邮件或电话信息咨询、无障碍的图书馆网站信息资源（音频资源需具备可描述性）、对于天生听障或中途听力受损的读者提供易读资源等。

④网站

该报告指出，图书馆网站应该通过使用读屏软件和放大浏览设备、配合合成语音和点字技术，使得网站对于具有阅读障碍的读者来说完全无障碍。应用清晰和严谨的设计，包括对音视频内容进行描述等。确保内容和图片在不使用色彩的情况下都能够被正确理解。具体要求包括：设计与导航简明、有条理；儿童网页可被迅速获取；提供放大、改变字体和对比度、行的长度及行距的适用软件；提供可选择的文章格式，如 pdf 文件和 doc 文件，最好是无格式的 txt 文本文件；设计时内容相对独立，使用样式表来引导；网站需具备搜索能力；避免使用框架和表格；避免使用滚动的网页内容；内容配备语音。

（5）《失智群体图书馆服务指南》（*Guidelines for Library Services to Persons with Dementia*，IFLA 第 104 号专业报告）[①]

该指南出版于 2007 年，是 IFLA 图书馆服务弱势群体委员会（LSDP）针对不同类型残疾群体的需求所制定的系列服务指南之一，包括图书馆如何为失智人群提供服务，失智人群所需要的文献资源特征，如何与失智人群交流等内容。

---

① Guidelines for Library Services to Persons with Dementia[EB/OL].[2018-06-06]. http://archive. ifla. org/VII/s9/nd1/Profrep104. pdf.

(6)《易于阅读文献指南》(*Guidelines for easy-to-read materials*,IFLA 第120号专业报告)①

该报告出版于2010年,是针对1997年第一版指南的修订版。该报告不是专门针对图书馆服务,但也对图书馆服务残疾人全体具有借鉴意义。报告明确了易于阅读文献的定义及制作规范;阐明生产易于阅读文献的重要性及其目标服务人群;并对图书馆、出版商等其他服务于阅读障碍群体的机构或组织提出意见与建议。

2. 美国关于残疾人服务相关指南

从20世纪60年代开始,美国盲人服务标准与评估委员会(Commission on Standards and Accreditation of Services for the Blind)先后制订了《图书馆盲人服务标准》和《盲人与视觉障碍者阅读资料制作标准》,指导图书馆盲人服务的开展及视障资源建设与共享。1978年,美国国会图书馆盲人与肢体残疾图书馆服务处(National Library Service for the Blind and Physically Handicapped)正式成立,统筹全美图书馆盲人与肢体残疾者服务。美国图书馆协会制定了一些关于残疾人服务的指南,如《美国图书馆聋哑人信息服务指南》(*Guidelines for Library and Information Services for the American Deaf Community*)、《图书馆辅助技术》(*Assistive Technologies in the Library*)、《图书馆精神病患读者服务指南》(*Guidelines for Library Services for People with Mental Illnesses*)、《图书馆智障人士服务指南》(*Guidelines for Library Services for People with Mental Retardation*)、《国会图书馆为盲人及肢残人士信息服务指南标准的修订》(*Revised Standards and Guidelines of Service for the Library of Congress Network of Libraries for the Blind and Physically Handicapped*)②、《图书馆残疾人服务政策》(*Library Services for People with Disabilities*

① Guidelines for easy-to-read materials[EB/OL].[2018-06-06]. http://www.ifla.org/files/assets/hq/publications/professional-report/120.pdf.

② Revised Standards and Guidelines of Service for the Library of Congress Network of Libraries for the Blind and Physically Handicapped[EB/OL].[2018-06-06]. http://www.michigan.gov/documents/dleg/DLEG_SBPH_standards2005_320503_7.pdf.

Policy)[①]等以保障残疾人平等使用图书馆。

(1)《美国图书馆聋哑人信息服务指南》

该指南出版于1996年,呼吁关注聋哑人群体,从人员、馆藏、交流、服务和活动宣传等方面对如何开展面向聋哑人的信息服务提供了指导。

(2)《图书馆辅助技术》

该指南发布于2011年,为了关爱残疾人,让图书馆能服务于所有的公众,图书馆需要加大辅助技术的建设力度,从大字本文献获取技术、利用网络收听文献、通过网络触摸盲文、助力听力障碍人群发现声音、特殊上网键盘及馆藏建设和服务营销等方面进行了指导。

(3)《国会图书馆为盲人及肢残人士信息服务指南标准的修订》

该指南发布于2005年,从服务规定、资源建设与管理、公共教育与延伸、咨询服务、志愿者、管理和组织机构、预算、评估、人员和研发等诸多方面对为盲人及肢残人士提供信息服务进行了详细说明,具有极强的指导意义。

3. 其他国家关于残疾人服务相关指南

早在1998年,澳大利亚图书馆和信息协会颁布了《图书馆为残疾人服务标准指南》(*Guidelines on Library Standards for People with Disabilities*)[②],对服务的基本原则、馆舍规划和改造、员工培训、资源建设和技术配备等做了详细说明。澳大利亚在《面向残疾人士的图书馆和信息服务声明》(*Library and Information Services for People with a Disability*)[③]、《澳大利亚公共图书馆服务宣言》(*Statement*

---

① Library Services for People with Disabilities Policy[EB/OL].[2018-06-06]. http://www.ala.org/ascla/asclaissues/libraryservices/.

② Guidelines on Library Standards for People with Disabilities[2018-06-06].[EB/OL]. https://www.alia.org.au/about-alia/policies-and-guidelines/alia-policies/guidelines-library-standards-people-disabilities.

③ Library and Information Services for People with a Disability[EB/OL].[2018-06-06]. https://www.alia.org.au/about-alia/policies-standards-and-guidelines/library-and-information-services-people-disability.

on Public Library Service)①等政策条款中规定了为残疾人提供服务的相关内容，以进一步保证残障人士平等获取信息的权益。2012 年，澳大利亚图书馆和信息协会在地方图书馆开展的标准和指南研究基础上，形成一份指导澳大利亚公共图书馆服务发展的指南——《超越优质服务：澳大利亚公共图书馆标准与指南》（*Beyond a quality service:Standards and guidelines for Australian Public Libraries*）②。其中有专章论述面向残疾人的服务，其目的是为残疾人用户提供无障碍的图书馆服务和资源。包括图书馆馆藏和辅助设备、灵活的借阅期限和限制、馆区内外的无障碍设施、残疾符号和引导标识、员工培训、网站设计等具体内容。

瑞典国立视障图书馆（TPB）依据多媒体行业的标准 RIFF（Resource Interchange File Format）制定了多媒体文件制作标准 DAISY（Digital Accesible Information System）③。DAISY 是基于互联网文档格式的数字有声读物开放式标准。基于 DAISY 标准制作的 DTB（Digital Talking Book，即电子有声读物）具有全方位的输出形式以及丰富的阅读体验。国外数字图书馆为残疾人进行资源建设时，多将 DAISY 作为资源制作和采购的标准。我国公共图书馆界基于 DAISY 的资源制作和传递还未成体系，仅有部分接受国外企业或机构资助的民间图书馆或公益团体制作、采购 DAISY 格式有声读物，如心目图书馆。

目前通行的最新版本的 DASIY 标准的标准号为：ANSI/NISO Z39.86—2005，规范名称为：Authoring and Interchange Framework for Adaptive XML Publishing Specification，即“自适应 XML 发布规范的制作与交互框架”。该标准对 DTB 的文本内容格式、音频文件格式、图片文件格式、媒体文件同步、DTB 对 SMIL（同步多媒体集成语言）的要求等做出了详尽的说明与描述。

---

① Statement on Public Library Services[EB/OL].[2018-06-06].https://www.alia.org.au/about-alia/policies-standards-and-guidelines/statement-public-library-services.

② Standards and guidelines for Australian Public Libraries[EB/OL].[2018-06-06].http://www.alia.org.au/sites/default/files/documents/advocacy/PLSG_ALIA_2012.pdf.

③ Specifications for the Digital Talking Book[EB/OL].[2018-06-06].http://www.niso.org/workrooms/daisy/Z39-86-2005.html.

4. 我国关于残疾人服务相关指南

尽管我国图书馆残疾人服务专门规范的制定工作起步较晚，但我国已颁布的关于残疾人的法律、法规对图书馆残疾人服务的基本配置进行了规定。2008年修订后的《中华人民共和国残疾人保障法》规定："根据盲人的实际需要，在有条件的公共图书馆设立盲文读物、盲人有声读物图书室。"[①]2012年发布的《无障碍环境建设条例》规定："设区的市级以上人民政府设立的公共图书馆应当开设视力残疾人阅览室，提供盲文读物、有声读物，其他图书馆应当逐步开设视力残疾人阅览室。公共服务机构和公共场所应当创造条件为残疾人提供语音和文字提示、手语、盲文等信息交流服务，并对工作人员进行无障碍服务技能培训。"[②]此外，2012年实施的《无障碍设计规范》对图书馆建筑有专门的规定："图书馆、文化馆等安有探测仪的出入口应便于乘轮椅者进入；图书馆、文化馆等应设置低位目录检索台；县、市级及以上图书馆应设盲人专用图书室（角），在无障碍入口、服务台、楼梯间和电梯间入口、盲人图书室前应设行进盲道和提示盲道；宜提供语音导览机、助听器等信息服务。"2012年实施的《公共图书馆服务规范》指出公共图书馆的服务对象包括残疾人。2008年颁布的《公共图书馆建设标准》要求大型图书馆和中型图书馆应设视障阅览室。遗憾的是，专门针对图书馆残疾人服务的细化标准还处于空白状态。

第二节 图书馆残疾人服务规范的建立基础

一、服务标准规范制定原则

图书馆残疾人服务标准规范体系建设应联合全国图书馆界和相关机构，从

---

① 中华人民共和国残疾人保障法[EB/OL]. [2018-04-24]. http://www.gov.cn/jrzg/2008-04/24/content_953439.htm.

② 无障碍环境建设条例[EB/OL]. [2018-06-06]. http://www.gov.cn/gongbao/content/2012/content_2182743.htm.

残疾人读者的实际情况和文化需求出发,借鉴国际已有成熟的规范,有重点地逐步完成。在制订过程中应该考虑以下原则。

1. 分级分类原则

我国各级各类图书馆的软硬件设施、设备、馆藏资源、服务人群等条件差别较大,特别是东中西部图书馆、省市县级图书馆之间发展不均衡;图书馆残疾人服务的对象也存在着类别、程度、需求的差异。因此,图书馆面向残疾人服务标准规范的建设必须采取分级分类的原则,保证所指定标准规范的可操作性,让不同地域、不同级别的图书馆能够切实依据规范开展服务,避免规范成为不符合实际、不能发挥作用的空架子。

2. 逐步推进原则

图书馆残疾人服务标准规范体系包括数个规范,涉及不同的制定主体和服务主体,其构建是一个连续、复杂的过程,不可能一次性地完成全部规范的制定。而且标准规范体系本身也是一个不断完善的有机生长体。因此,在图书馆残疾人服务标准规范体系的制定过程中应该遵循逐步推进的原则,先易后难,突出重点,优先解决图书馆残疾人服务面临的关键问题和紧要问题,逐步完善,最终建立完整的图书馆残疾人服务标准规范体系。

3. 与时俱进原则

时代在发展,社会在进步。随着社会、经济、技术的发展,标准规范所规定的内容可能已经不再适用。同时,残疾人群体的文化需求在不断地变化,图书馆自身的软、硬件条件,服务水平,馆员素养也都在逐步提高。因此,必须对已经制定的标准规范进行修订更新,做到与时俱进,与事俱进,才能使其能够更好地适应残疾人群体的需求变化和图书馆事业发展的实际情况。

4. 共建共享原则

标准规范的制定应保证其可操作性和互操作性。所谓互操作性,指所建立的资源或服务能够在更大系统范围上,与其他资源或服务方便、有效地交换、转换、整合,从而为用户提供逻辑上集成的服务。信息化环境下,互操作性对于降低资源和服务的建设成本、扩大使用范围具有重要意义。我国的标准规范一般由不同机构建设,建设中应坚持共建共享、沟通协调,确保各项标准彼此衔接、相关关联,从而使各项标准规范更具可操作性和互操作性。

二、服务标准规范体系结构

从国外的情况来看,随着残疾人群体分类的细化,图书馆残疾人服务标准规范也逐渐细化,针对不同类型的残疾人群体有不同的标准。同时,与残疾人服务密不可分的文献资源建设、辅助设施设备建设等都需要有相应的标准规范。图书馆残疾人服务标准规范实际上已经体系化。本书编委会认为,图书馆残疾人服务标准规范体系应该包括服务标准、技术标准、管理标准、基础标准和业务规范,如图 5－1 所示。

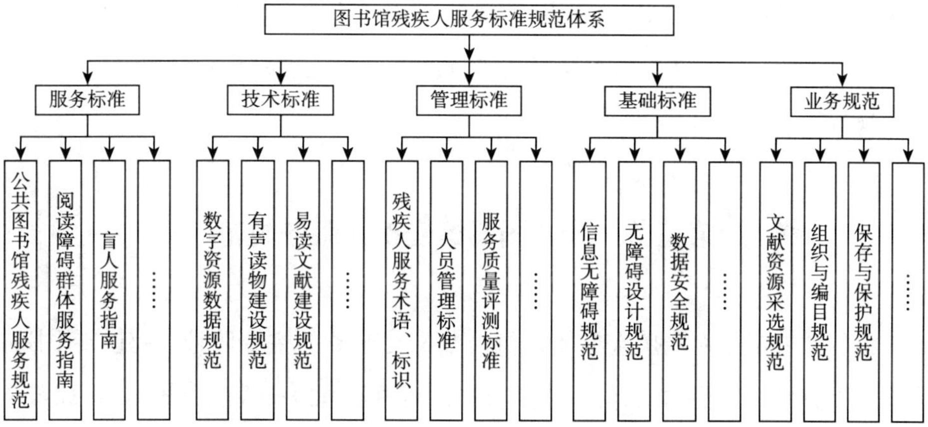

图 5－1　图书馆残疾人服务标准规范体系

服务标准是对图书馆残疾人服务内容、方式等的规范和统一,包括服务内容、服务形式、服务资源和设备、服务宣传、服务监督与反馈等。服务标准可依据图书馆类型分别制定,如公共图书馆残疾人服务规范;也可以根据残疾人类型分类,如肢残人士服务规范、聋哑人服务规范、盲人服务规范、阅读障碍群体服务规范等。

技术标准是对图书馆残疾人服务所涉及资源、平台、设备等的类型、数量、组织、功能、技术参数、质量指标等进行规定。一般包括残疾人服务所涉及的数字资源对象数据、元数据标准,有声读物、易读文献等特殊类型文献标准,服务平台基本功能规范,辅助技术的参数指标和设备的质量参数标准等。

管理标准是对图书馆残疾人服务的术语、标识、人员管理、经费管理、统计管理、服务质量评价等管理内容进行规范。人员管理标准对图书馆从事残疾人服务的馆员数量、学历与职称、服务素养、培训等进行规范。服务质量评测标准可以包括绩效评估、评估定级等,可以通过评测确保图书馆残疾人服务质量。

基础标准主要包括面向残疾人的无障碍设计规范、信息无障碍规范等,和面向全社会的信息技术、网络技术、数据安全等标准规范。基础标准一般不是专为图书馆制定的,其中一些涉及图书馆的内容较为笼统、简单,不具有针对性。

业务规范是依据图书馆残疾人服务的业务流程,对各工作环节的工作内容和业务指标进行质量规定,用于指导图书馆开展具体工作,亦可以看作是标准的具体化和本地化。业务规范可包括文献资源采选规范、编目与组织规范、保存与保护规范等。

第三节　公共图书馆残疾人服务规范

公共图书馆是为残疾人群体提供公共文化服务的主要阵地,在建立图书馆残疾人服务标准规范体系时,应首先制定公共图书馆残疾人服务规范,在规范公共图书馆残疾人服务的同时,也可为制定其他标准规范提供参考。

一、服务规范设计思路

1. 总体思路

公共图书馆残疾人服务规范是公共图书馆残疾人服务的总则性规范,其适用范围应该包括全国各级公共图书馆,服务对象应该包括所有残疾人,主要内容应该包括公共图书馆残疾人服务所涉及的服务资源、服务效能、服务宣传、服务监督等。由于其使用范围广，各地情况差异较大，因此规范中一些指标性内容需要根据实际情况分类设定；由于其对象覆盖面广，各类残疾人身体条件不尽相同，因此规范中资源、设备应该根据各类残疾人的共性规定；由于其目标是规范公共图书馆的服务，因此需与《公共图书馆服务规范》等现行国家或相关行业标准规范相衔接，并充分考虑残疾人的特点和需求，服务形式应更加灵活多样。

2. 主要内容

(1)服务资源

公共图书馆残疾人服务规范首先需对服务涉及的资源进行规定，包括设施设备、导引标识、文献资源和人员配置。

设施设备、导引标识需在《无障碍设计规范》《公共图书馆建设标准》的基础上进行细化，对公共图书馆残疾人使用空间的设计进行规定，包括入口、通道、电梯、卫生间、阅览室和各类活动空间、停车位等；同时需针对公共图书馆的实际情况，对书架、阅览桌等家具进行无障碍规定；配备残疾人适用的计算机、文本电话、听书阅读器、翻书阅读设备等，并根据图书馆级别设定数量。

文献资源应明确公共图书馆馆藏建设原则须包括残疾人所需文献的建设，同时对资源类型、资源内容进行规定，使其有利于残疾人使用、满足残疾人读者的需求，特别是信息化环境下应明确规定有声读物、音视频资源、大字读物等文献的建设。文献资源部分还应规范对文献的无障碍处理，例如为视频资源配置文字信息以服务于听障读者。

人员配置按照公共图书馆级别明确从事残疾人服务的馆员数量和素养要求。为保证服务质量，在《公共图书馆服务规范》的基础上应适当提高人员配置比例，同时应明确对从事残疾人服务的馆员须定期开展专业培训，包括残疾人身心特点、信息诉求和沟通技巧等。随着文化志愿服务的发展，规范亦可增加借助文化志愿者开展残疾人服务的内容。

(2)服务效能

《公共图书馆服务规范》中对公共图书馆的服务能力、服务效率进行了规定，公共图书馆残疾人服务规范应遵循这些规定,并对其中部分指标进行优化,向残疾人读者倾斜。同时,应考虑残疾人特点和需求,对公共图书馆残疾人服务的形式多样化进行规定,明确公共图书馆应该为残疾人读者举办生活、就业技能培训,提供各类专业咨询,针对残疾人特点设计流动服务、基于移动互联网的新媒体服务等。

(3)服务宣传

公共图书馆残疾人服务规范应对残疾人服务的宣传进行明确规定,包括服务告知、馆藏揭示和活动推广等。规范应规定公共图书馆须将本馆的服务范围、服务内容、服务时间、读者须知、服务政策以及临时性开闭馆通知等,用多种方式告知残疾人读者,以方便残疾人读者利用图书馆。规范还应对公共图书馆的馆藏揭示和检索进行约定,使其便于残疾人读者的使用。规范也应明确公共图书馆须对其各类活动的设计尽可能考虑残疾人读者的参与,为残疾人读者提供平等的机会。

(4)服务监督

公共图书馆残疾人规范应设定公共图书馆残疾人服务的评测指标、考核办法,并对服务监督和意见反馈提出明确要求,提供残疾人读者方便利用的意见反馈方式,使其服务能够得到残疾人读者和相关人士的有效监督,从而确保公共图书馆残疾人服务的质量。

二、服务规范草案

1. 范围

本标准规定了服务残疾人士的图书馆及阅览室的服务对象、服务资源、服务效能、服务宣传、服务监督与反馈等内容。

本标准适用于全国各省、市、县(区)级公共图书馆以及各级残联、各地残疾人服务组织建立的图书馆和阅览室。

(1)规范性引用文件

下列文件对于本文件的应用是必不可少的。凡是注日期的引用文件,仅注日期的版本适用于本文件。凡是不注日期的引用文件,其最新版本(包括所有的修改单)适用于本文件。

GB/T 10001.1　标志用公共信息图形符号　第1部分:通用符号

GB/T 13191　信息与文献图书馆统计(GB/T 13191—2009,ISO2789:2006,IDT)

GB/T 26341—2010　残疾人残疾分类和分级

GB/T 28220—2011　公共图书馆服务规范

YD/T 1761—2008　信息无障碍　身体机能差异人群网站设计　无障碍技术要求

建标108—2008　公共图书馆建设标准

建标〔2008〕74号　公共图书馆建设用地指标

(2)术语和定义

下列术语和定义适用于本文件。

①公共图书馆 public library

由各级人民政府投资兴办或由社会力量捐资兴办的向社会公众开放的图书馆。具有文献信息资源收集、整理、存储、传播、研究和服务等功能的公益性公共文化与社会教育设施。

②服务资源 service resources

服务残疾人士的图书馆或阅览室在开展服务过程中所拥有的物力、财力、人力等各种物质要素,主要包含了硬件资源、人力资源、文献资源和经费资源。

③服务效能 service efficiency

服务残疾人士的图书馆或阅览室投入的各项资源在满足读者和用户需求中体现的能力和效率。

④残疾人 disabled person

在精神、生理、人体结构上某种组织、功能丧失或障碍,全部或部分丧失从事某种活动能力的人。

⑤残疾人阅览室 reading room for persons with disabilities

又称信息无障碍阅览室、无障碍阅览室等。阅览室是图书馆服务残疾人士的设施,是图书馆为残疾读者在馆内使用文献而提供的专门场所。

⑥辅助技术 assistive technology

为改善残疾人状况而设计和利用的装置、服务、策略和训练,又或者是满足残疾人使用那些主流的硬件或者软件的辅助接口。

⑦辅助设备 assistive device

用于提高、维持或改进残疾人的机体能力的设备、产品系统、硬件、软件或服务等。

注:技术或设备通过采购成品即可上市,也可进行商用化改装或个性化定制获得。本术语包括对残疾人的技术辅助。辅助设备不能消除损伤,但可以减轻残疾人在特定环境下执行任务或活动的困难程度。

⑧无障碍设计 accessible design

此类设计注重将标准设计扩展到具有某些机能缺陷的特殊人群,通过下列方法最大限度地增加易于使用产品、建筑物或服务的潜在客户的数量。

——设计让大多数使用者无须任何修改就能很容易地使用产品、服务和环境;

——让产品或服务适合不同使用者(用户适配接口);

——设有标准化接口,以便能与残疾人专用产品兼容。

2. 总则

残疾人服务应体现以人为本的原则,充分考虑残疾人士的自身特点和特殊需求,统筹兼顾服务资源、服务效能、服务宣传、服务监督与反馈,促进服务的全面协调可持续发展。

服务对象为所有残疾人,按不同残疾分为视力残疾、听力残疾、言语残疾、肢体残疾、智力残疾、精神残疾和多重残疾等。

服务残疾人士的图书馆或阅览室的服务与管理工作除执行本标准的有关规定外,还应符合《公共图书馆服务规范》以及现行的其他相关国家标准和规范。

3. 服务资源

(1)硬件资源

①馆舍建筑指标

服务残疾人士的图书馆或阅览室应保证为残疾人士的无障碍服务提供必要的服务设施。

公共图书馆应为残疾人电动车、三轮车等相关代步工具提供专属停车位,并设置显著指示标志。

馆舍建筑及阅览室入口应设计为无障碍入口,在地面高度有变化的地方,应提供轮椅坡道和扶手。无障碍入口和轮椅通行平台应设雨棚。

不应采用力度大的弹簧门,在旋转门一侧应加设残疾人使用的门。门扇开启的最小宽度应允许一辆轮椅通行。

通往主要阅览室的道路应设置必要的坡道和盲道。

楼梯和台阶的设计应该符合残疾人士的需要,例如在两侧安装合适直径和高度的扶手。台阶应该一样高,并且符合成年人的步幅。台阶走完的地方用合适的颜色进行对比标记,并在容易触摸的位置设置盲人标识。

多层建筑的馆舍应配备无障碍电梯。

馆舍内的男、女公共厕所均应设置一个无障碍隔间厕位。

馆舍内阅览室、会议室等设置观众席、听众席的公共空间,均应设置轮椅席位。

室内地面应防滑、坚固和稳定,应该为有视力障碍的人提供提示。

书架、桌椅等室内陈设表面应避免尖锐的角或边;书架高度应适用于轮椅;提供可调节高度的阅览桌及电脑桌;阅览椅应有坚固的扶手。

应设置可通过视觉及听觉感知明确位置的火警警报器。

馆区内应提供适用于听力残疾者的通信系统。

②建筑功能总体布局

服务残疾人士的图书馆或阅览室功能总体布局应遵循以读者服务为中心，与图书馆的管理方式和服务手段相适应，做到分区明确、布局合理、流线通畅、安全节能、朝向和通风良好。

根据服务对象的需求特点和资源类型特点，服务视障人士的图书馆或者阅览室宜设在图书馆本体建筑与社会公共通道之间的平行层，并根据现有条件和建馆目标类型设置相应功能的服务区或服务座席。

(2)电子信息设备

①计算机

服务视障人士的图书馆或阅览室应配备一定数量的计算机专供残疾人士使用。所需计算机数量见表5－1。

表5－1　图书馆供残疾人使用的计算机设备配置及用途指标

等级	读者使用计算机数量(台)	具有辅助设备和无障碍软件的计算机数量(台)
省级馆	60以上	10以上
地级馆	40以上	5以上
县级馆	20以上	2以上

②文本电话

图书馆应配备一定数量的文本电话供残疾人士(主要是听力残疾和言语残疾读者)使用。图书馆应配备与经济和技术发展水平相适应的信息技术设备。所需数量见表5－2。

表5－2　图书馆文本电话配置指标

等级	文本电话数量(台)
省级馆	10
地级馆	5
县级馆	2

③听书阅读器

图书馆应配备一定数量的听书阅读器供残疾人士(主要是视力残疾读者)使用,可开展到馆服务和借阅服务。图书馆应配备与经济和技术发展水平相适应的信息技术设备。所需数量见表5-3。

表5-3　图书馆听书阅读器配置指标

等级	听书阅读器数量(台)
省级馆	30
地级馆	10
县级馆	5

④其他设备

有条件的图书馆可以根据实际情况购置其他相应的电子信息设备。

(3)人力资源

①人员要求

服务残疾人士的图书馆工作人员应受过图书馆及残疾人服务两方面的专业训练。在读者服务工作中,工作人员须挂牌上岗,仪表端庄,使用文明用语,应平等对待所有残疾人士,尊重和维护读者隐私,根据残疾人士用户生理心理特点和信息诉求,热忱并努力为读者提供准确全面的信息服务。

②人员配备

图书馆应配备数量适宜的工作人员。具有相关学科背景的专业技术人员应占工作人员的75%以上,少数民族自治地区公共图书馆要配备熟悉少数民族语言文字的专业技术人员。

③人员数量

服务残疾人士的图书馆或阅览室工作人员数量的确定,应以所在区域服务人口数为依据,应配备至少1名专职工作人员。各馆室所需的人员数量的配备,还应兼顾服务时间、馆舍规模、馆藏资源数量、年度读者服务量等因素。

④教育培训

服务残疾人士的图书馆或阅览室应坚持实施针对全体工作人员的教育培训计划。年度工作计划中应提供保障员工接受培训教育的安排。对服务残疾人读者的工作人员应加大残疾人身心特点和信息诉求内容的培训,增加与残疾人有效沟通的技能(如手语)培训。

⑤志愿者队伍

服务残疾人士的图书馆或阅览室应导入志愿者服务机制,吸引更多图书馆工作人员和社会公众加入志愿者队伍,为残疾人士提供更多人性化的文化服务。

⑥协调组织机构

为提升为残疾人服务效能,在全国或各大区域内设置一个国家级或多个区域级的协调组织机构,负责辖区内各图书馆的整体协调组织工作。

(4)文献资源

①采选原则

图书馆应坚持为残疾人建设特殊文献的原则,根据残疾人生理特点、兴趣爱好和知识需求,遴选内容积极向上,多数残疾人有急切需求的文献,在载体形态上要更倾向于残疾人适宜的资源内容和类型。

②资源内容

针对肢体残疾、听力残疾、视力残疾和言语残疾人士,可重点采集以促进个人发展和康复训练为主的各类资源。针对精神残疾及智力残疾人士,可重点采集以低年龄段文化教育、培训学习和休闲娱乐为主的各类资源。

③资源类型

针对肢体残疾和言语残疾人士,可全面采集各种资源类型。针对听力残疾人士,可采集文本、图片及带字幕或手语的视频资源为主的资源。针对视力残疾人士,可采集盲文书刊、有声读物、大字体读物等为主的资源。针对精神残疾和智力残疾人士,可采集音视频、多媒体资源等为主的资源。

④馆藏来源

为残疾人提供服务的资源主要来自外购和图书馆自建,图书馆可主要根据信息无障碍的相关标准对资源进行无障碍处理。

⑤无障碍处理

针对视力残疾用户所需资源的无障碍处理:为非文本内容提供替代文本,使其可以转化为人们需要的其他形式,如大字体印刷,盲文,语音,符号或更简单的语言。

针对听障用户所需资源的无障碍处理:为视频资源配有字幕或手语解说,使这些节目能够被有听力障碍的人所理解,对图书馆网站信息资源(音频资源需具备可描述性)音频描述等无障碍处理。

4. 服务效能

(1)服务能力

①服务时间

服务残疾人士的图书馆或阅览室应有固定的开放时间,双休日应对外开放。数字图书馆提供每天 24 小时网上资源检索查询服务。

②基本服务

服务残疾人士的图书馆或阅览室应追求人性化、便利化、无障碍的服务,包括为残疾人士免费提供多语种、多种载体的文献的借阅服务、一般性的咨询服务、辅助设备、无障碍服务和远程服务,组织信息素养培训等各类读者活动以及其他公益性服务。

③流动服务

服务残疾人士的图书馆或阅览室应通过流动站、流动车等形式,将文献外借服务和其他图书馆服务向社区、村镇、残疾人家庭等延伸,定期开展巡回流动服务。

(2)服务效率

服务残疾人士的图书馆或阅览室应保证一定的服务效率,文献加工处理时间、闭架文献获取时间、开架图书排架正确率、馆藏外借量、人均借阅量、电子文献使用量、文献提供响应时间、参考咨询响应时间,均应采用国家标准 GB/T 28220—2011《公共图书馆服务规范》。

5. 服务宣传

(1)导引标识

①方位区域标识

服务残疾人士的图书馆或阅览室应使用标准化的文字和图形建立,公共信息标识应采用国家标准 GB/T 10001.1—2012《公共信息图形符号　第1部分:通用符号》,根据需求可采用双语或多语言对照。

公共图书馆应在主体建筑外通过简洁的文字和图片进行明显的导向标识。

公共图书馆入口处应通过简洁的文字和图片标明区域划分,如阅览区域、活动区域、办公区域等,以方便读者到达目标区域。

公共图书馆应在每一楼层设立醒目的布局功能标识。

公共图书馆应为所有标识提供盲文,并在馆区内设置盲文地图。

②文献排架标识

公共图书馆应在阅览区设置盲文排架标识。

③无障碍标识

参照国家标准 GB/T 10001.9—2008《标志用公共信息图形符号　第9部分:无障碍设施符号》设置馆区内无障碍设施标识。

(2)服务告示

①告示内容和方式

服务残疾人士的图书馆或阅览室的服务范围、服务内容、服务时间、服务公约、读者须知、借阅(使用)规则、服务承诺等基本服务政策应在馆内醒目位置和图书馆网站的相关栏目向读者公示,其他服务政策及各类服务信息等应通过各种途径方便读者获取。

②闭馆告示

因故须暂时闭馆,须提前一周向读者公告。数字图书馆因故变更开放时间或需暂时闭馆，须提前一周向读者公告。

如遇公共安全、网络安全等突发事件须临时闭馆或关闭部分区域、暂停部分服务的，应及时向读者公告。

③馆藏揭示

服务残疾人士的图书馆或阅览室应借助计算机管理与书目检索系统，将纸质、电子和缩微等不同载体的馆藏文献目录向公众揭示，提供题名、著者、主题等基本检索途径，方便读者查询。

服务残疾人士的图书馆或阅览室还应通过网站、宣传资料、专题展览等形式，向公众推介、揭示最新入藏的文献和特色馆藏。

(3)活动推广

服务残疾人士的图书馆或阅览室应通过媒体、网站、宣传资料、宣传栏及各种现代化通信手段等形式，邀请、吸引读者的参与和互动。

6. 服务监督与反馈

各馆应在馆内显著位置设立读者意见箱(簿)，公开监督电话，开设网上投诉通道，开展读者满意度调查，定期召开读者座谈会，接受读者监督。认真对待并正确处理来自读者的意见或投诉，在五个工作日内回复并整改落实。

第四节　图书馆视障人士文化服务规范

一、服务情况调研

为了解各地视障人士服务现状，提高图书馆为视障人士服务水平，从而为制定《图书馆视障人士文化服务规范》，编委会会同相关单位开展了“公共图书馆面向视障人士服务现状”实地调研活动，旨在真实地反映全国各地公共图书馆开展视障人士服务的情况。由国家图书馆、上海图书馆、浙江图书馆和盲文出版社的相关工作人员组成的调研组实地走访了北京、河北、山西、天津、山东、浙江、江苏、上海、福建、江西、广东、广西等地区的 41 家图书馆，分别是 13 家省级图书馆馆、4 家副省级图书馆、18 家市级图书馆和 6 家县级图书馆，参照表 5－4。

表 5－4　调研样本基本情况

调研单位	单位级别	图书馆所在地	调研单位	单位级别	图书馆所在地
上海图书馆	省级	上海市	石家庄市图书馆	市级	河北省石家庄市
首都图书馆	省级	北京市	太原市图书馆	市级	山西省太原市
天津图书馆	省级	天津市	南宁市图书馆	市级	广西壮族自治区南宁市
山西省图书馆	省级	山西省太原市	温州市图书馆	市级	浙江省温州市
河北省图书馆	省级	河北省石家庄市	嘉兴市图书馆	市级	浙江省嘉兴市
广东省立中山图书馆	省级	广东省广州市	绍兴市图书馆	市级	浙江省绍兴市
广西壮族自治区图书馆	省级	广西壮族自治区南宁市	台州市图书馆	市级	浙江省台州市
广西桂林图书馆	省级	广西壮族自治区桂林市	福州市图书馆	市级	福建省福州市
浙江图书馆	省级	浙江省杭州市	无锡图书馆	市级	江苏省无锡市
福建省图书馆	省级	福建省福州市	浦东图书馆	市级	上海市浦东区
山东省图书馆	省级	山东省济南市	徐汇区图书馆	市级	上海市徐汇区
南京图书馆	省级	江苏省南京市	金山区图书馆	市级	上海市金山区
江西省图书馆	省级	江西省南昌市	黄浦区图书馆	市级	上海市黄浦区
深圳图书馆	副省级	广东省深圳市	普陀区图书馆	市级	上海市普陀区
济南市图书馆	副省级	山东省济南市	开化县图书馆	县级	浙江省衢州市
青岛市图书馆	副省级	山东省青岛市	德清县图书馆	县级	浙江省衢州市
金陵图书馆	副省级	江苏省南京市	静安区图书馆	县级	上海市静安区
秦皇岛图书馆	市级	河北省秦皇岛市	闵行区图书馆	县级	上海市闵行区
沧州市图书馆	市级	河北省沧州市	崇明县图书馆	县级	上海市崇明区
西城区第一图书馆	市级	北京市西城区	嘉定区图书馆	县级	上海市嘉定区
东城区第一图书馆	市级	北京市东城区			

1. 视障服务开展时间

在参与调研的 41 家图书馆中，只有 5 家(12%)的图书馆在 2000 年前开始视障服务，其中最早的南京图书馆于 1990 年开始服务；2000—2010 年这段时间开始视障服务的图书馆数量最多，占 71%；2010 年后发展速度稍微放缓，开始视障服务的图书馆有 7 家(12%)。

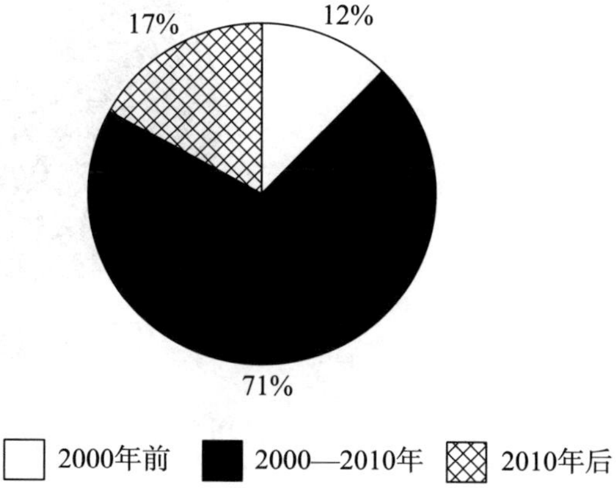

图 5－2　图书馆视障服务开展时间

2. 视障服务工作人员配备情况

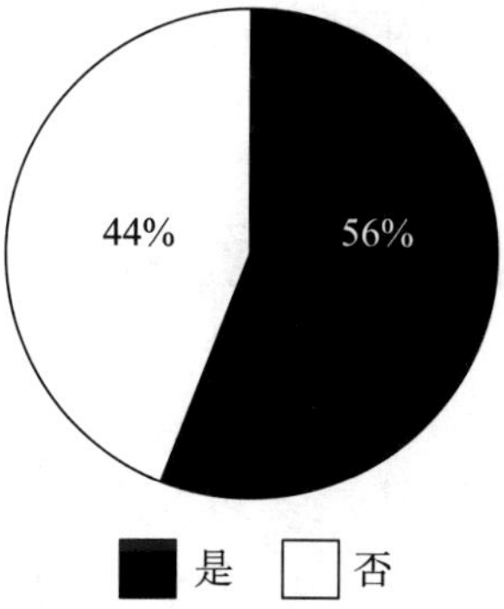

图 5－3　视障服务工作人员情况

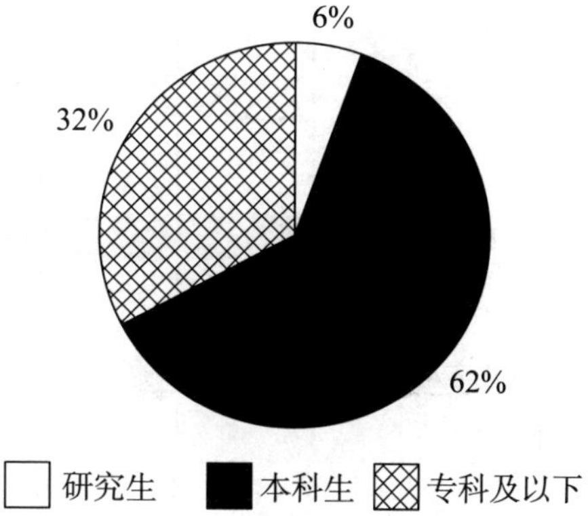

图 5－4　视障服务工作人员学历构成

调查结果显示，有 56% 的图书馆都配有专职视障服务工作人员，44% 的图书馆只有兼职人员负责视障服务。从事视障服务的工作人员学历主要以本科生为主，占 62%；研究生学历人员较少，只占 6%。

3. 视障服务规范建设

在图书馆视障阅览室服务规范方面，在所有调研的图书馆中，仅有 5 家图书馆具有相应的服务规范，其他图书馆均无服务规范，其中，有图书馆具有简单的读者服务须知等内容。

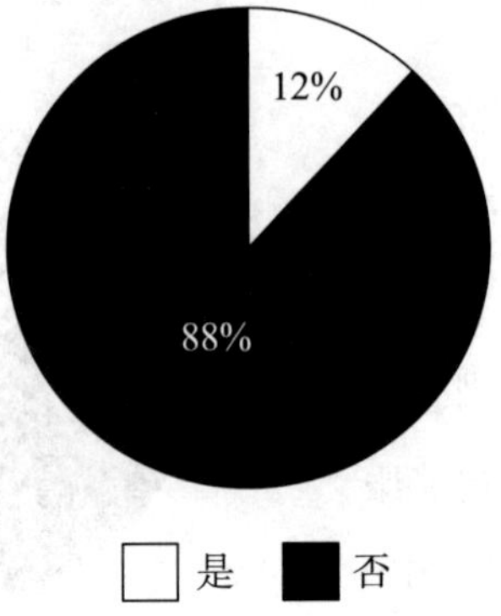

图 5－5　是否有视障服务规范

4. 视障阅览室每周服务时间

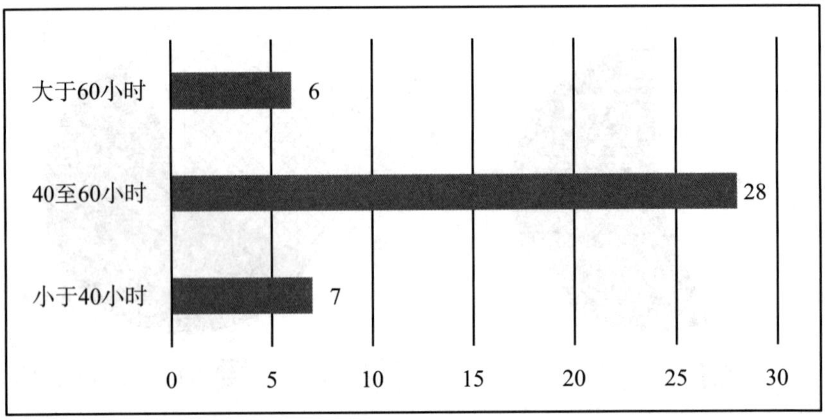

图 5－6　视障阅览室每周服务时间

在视障阅览室每周服务时间方面，有 7 家图书馆每周服务时间小于 40 小时；而超过半数以上的图书馆（28 家）服务时长都在 40 至 60 小时；而服务时长大于 60 小时的图书馆都是每周从早到晚都开放服务的。总体来看，调研的超过 80% 的图书馆服务时长都超过了 40 小时，给读者充分的时间在馆内阅读和学习。

5. 视障服务创办经费

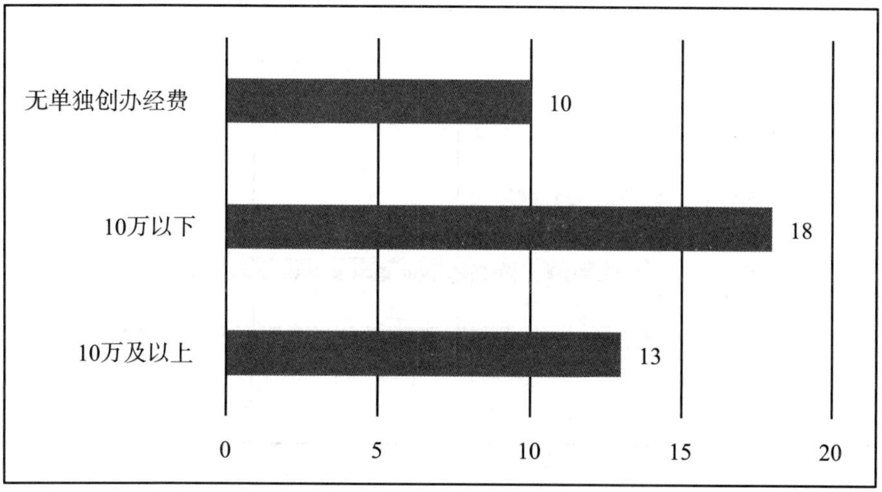

图 5－7　视障服务创办经费情况

在视障服务创办经费方面，有 10 家（24%）图书馆没有单独创办经费，而 76% 的图书馆都有相应的创办经费，其中金额在 10 万以下的图书馆占 44%，10 万及以上的有 13 家，其中浦东图书馆的创办经费高达 120 万。

6. 视障阅览室物理环境

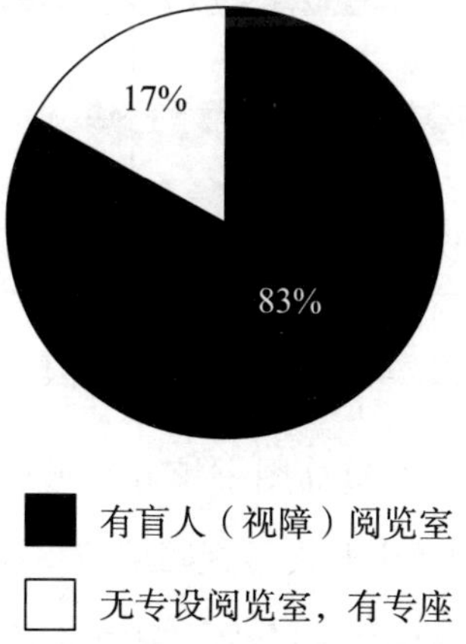

图 5－8　视障服务阅览情况

调研的图书馆中有 34 家(83%)图书馆都有专门的盲人(视障)阅览室,只有 17%的图书馆没有专设阅览室,但有视障服务的专座。

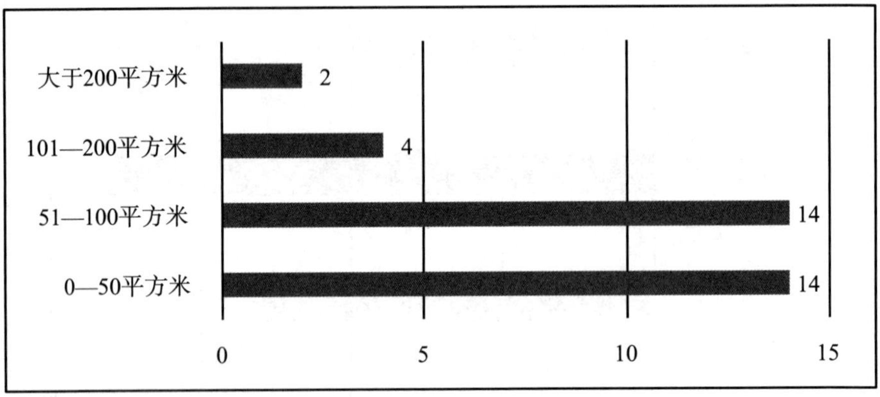

图 5-9　视障阅览室面积

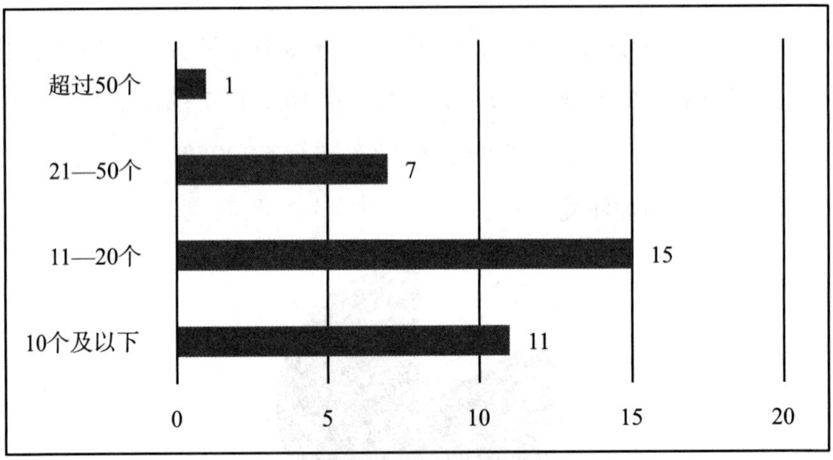

图 5-10　视障阅览室座席数量

除了特殊的馆舍格局(如秦皇岛图书馆和东城区第一图书馆等)外,大多数视障阅览室都设在一层。调研中开设了视障阅览室的 34 家图书馆,有 26 家图书馆视障阅览室都设在 1 层,这样大大减少了视障读者到阅览室的距离,为视障读者提供了极大便利。

在视障阅览室面积方面，50 平方米及以下的图书馆占 41%，59% 的图书馆服务面积超过了 50 平方米，其中超过 100 平方米的图书馆有 6 家，如浙江图书馆视障服务面积达 350 平方米。总体来看，视障阅览室面积相对于图书馆整体阅览面积并不算太大，只占很小的一部分。

在视障阅览室座席方面，座席数与视障阅览室面积成正相关，有 11 家图书馆的视障阅览室座席 10 个及以下，其中静安区图书馆只可提供 4 个座席；超过 10 个座席的图书馆又集中在 11—20 个座席区间，超过 50 个座席的图书馆只有浙江图书馆，阅览座席达高达 100 个。

7. 无障碍建设

表 5－5　无障碍环境建设

无障碍类别	无障碍设施/设备	具有无障碍设施的图书馆数(个)	比例
无障碍物理设施建设	盲道	25	60.98%
	语音导向	3	7.32%
	无障碍卫生间	37	90.24%
	盲文标识	21	51.22%
	无障碍坡道	30	73.17%
	无障碍电梯	26	63.41%
	自动感应门	6	14.63%
无障碍信息环境建设	盲用计算机	41	100%
	读屏软件	36	87.8%
	盲文点显器	25	60.98%
	助视器	27	65.85%
	盲用扫描棒	6	14.63%
	盲文刻印机	14	34.15%
	盲文复印机	6	14.63%
	听书机	26	63.41%
	录制设备	5	12.2%

在无障碍物理设施方面，调研的图书馆都配有相应的无障碍设施，其中无障

碍卫生间是占比最高,有 37 家(90.24%)图书馆都配备了。另外,超过半数的图书馆都配备了盲道、盲文标识、无障碍电梯和无障碍坡道等设施方便读者到馆借阅。而配备语音导向和自动感应门设施的图书馆相对较少。

在无障碍信息环境方面,所有的图书馆都配备了盲用计算机,其中有超过 25 家图书馆都配备了读屏软件、盲文点显器、助视器和听书机等无障碍设备方便视障用户阅读。另外,有的图书馆配备了盲用扫描棒、盲文复印机、盲文刻印机和录制设备为用户提供多样化的个性服务。

8. 馆藏视障资源建设

针对视障用户的特种文献资源建设,本次调研依据文献类型分为:盲文图书、盲文杂志、大字本、有声读物、无障碍视频等 5 类资源分别进行调研,具体如下:

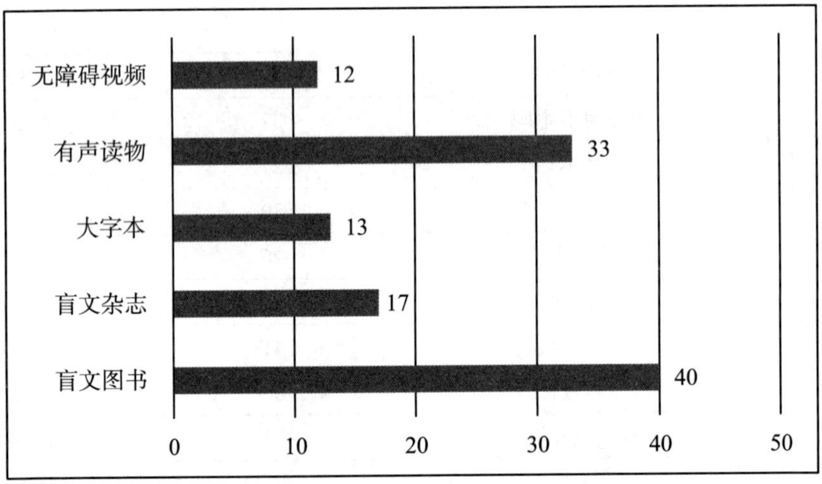

图 5－11 图书馆数量分布(按馆藏视障文献资源区分)

在参与调研的图书馆中,除广西壮族自治区图书馆外,其余 40 家图书馆均有盲文图书资源供视障读者使用。除盲文图书馆资源外,有声读物类资源在图书馆中配备相对较多,而盲文杂志、大字本和无障碍视频等资源则相对较少。

（1）盲文图书

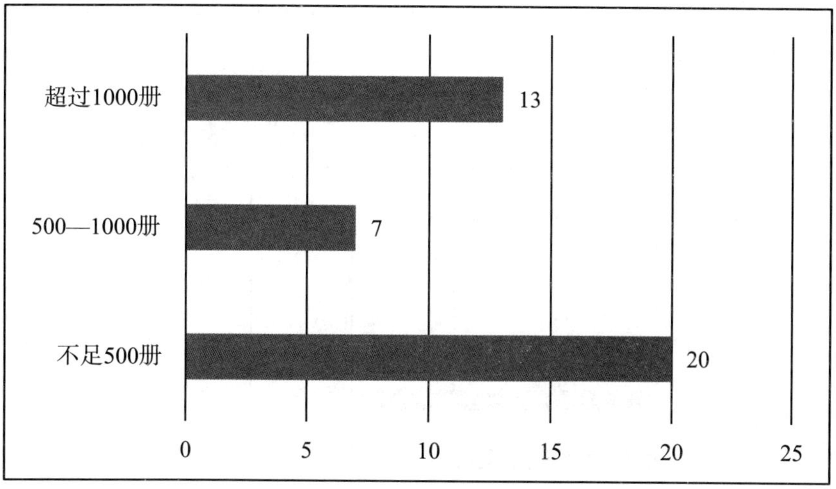

图 5－12　图书馆数量分布（按馆藏盲文图书数量区分）

各馆馆藏盲文图书数量呈两极分化的趋势，不足 500 册的图书馆占到了半数，超过 1000 册的图书馆也有 13 家。在不足 500 册的图书馆中，有 5 家图书馆甚至都没有达到 100 册，如江西省图书馆只有 30 册图书，而超过 1000 册的图书馆中上海馆馆藏盲文图书高达 9000 册，两者相距甚远，这凸显出各馆资源的不均衡性。

（2）盲文杂志

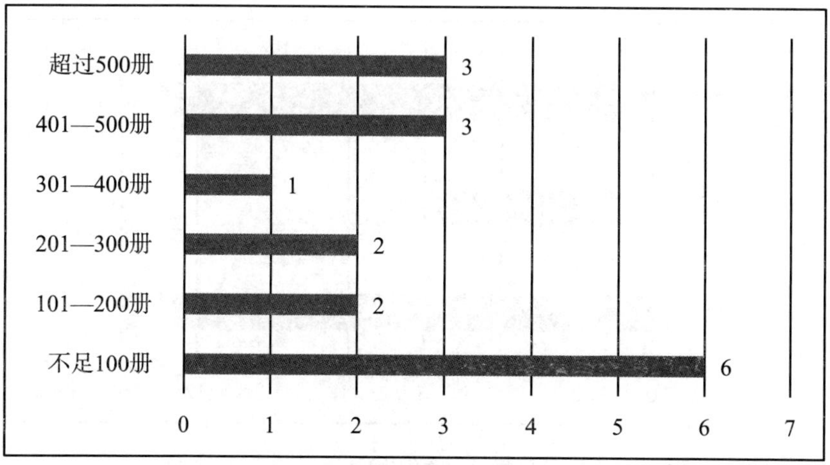

图 5－13　图书馆数量分布（按馆藏盲文杂志数量区分）

在具有盲文杂志馆藏的17家图书馆中，不足100册的占比超过三分之一，绝大多数藏量都在500册以下。各馆藏量也呈现两极分化的态势，少的只有几册几十册，多的则高达上千册。

(3)大字本

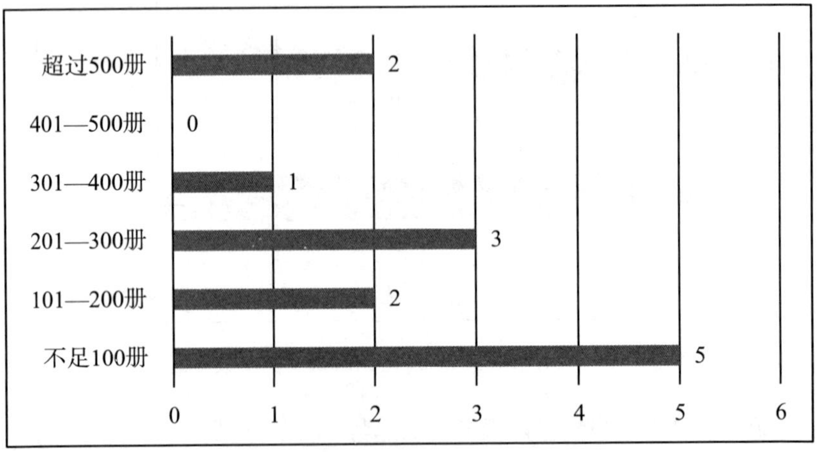

图5－14 图书馆数量分布(按馆藏大字本数量区分)

在具有大字本馆藏的13家图书馆中，藏量不足100册的就占了5家，绝大多数图书馆的大字本藏量都不足500册。

(4)有声读物

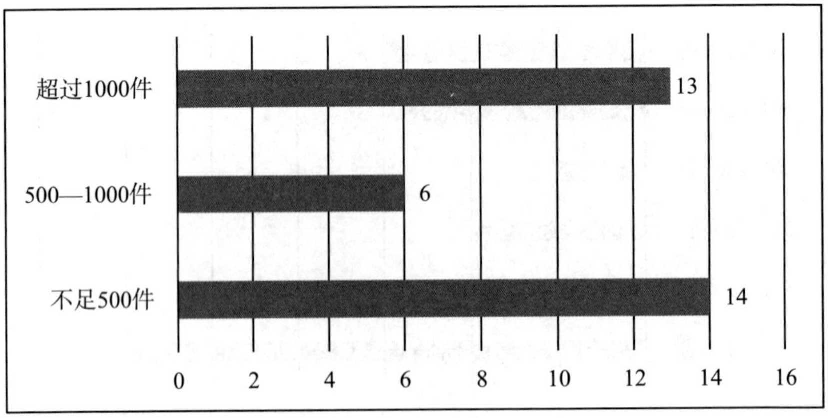

图5－15 图书馆数量分布(按馆藏有声读物数量区分)

在具有有声读物馆藏的 33 家图书馆中，藏量不足 500 件的有 14 家，其中不足 100 件的就有 5 家。有声读物馆藏丰富的图书馆不在少数，有 19 家图书馆藏量都超过了 500 件，其中，上海图书馆和台州市图书馆都超过了 30 000 件。因此，有声读物资源数量在不同图书馆之间差异也是比较悬殊。

（5）无障碍视频

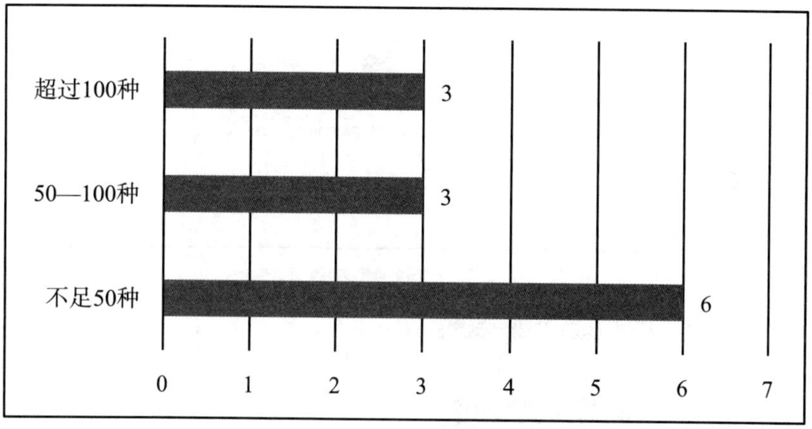

图 5－16　图书馆数量分布（按馆藏无障碍视频数量区分）

在具有无障碍视频资源的 12 家图书馆中，不足 50 种的图书馆就占到了一半，超过 100 种的图书馆有三家，分别是浙江图书馆、浦东图书馆和温州市图书馆。

（6）其他

在调研的图书馆中，有的图书馆作为文化部全国公共文化发展中心的服务点，通过“心声 · 音频馆”网站为用户提供近 2.2 万个小时的音频资源。

（7）自建资源

在调研的图书馆中，只有 6 家（15%）的图书馆有自建盲用资源，其中，自建盲用资源主要是有声读物资源建设。自建资源卓有成效的浙江图书馆自建电子书 12 000 种，有声读物 11 000 种，盲文图书 86 种。

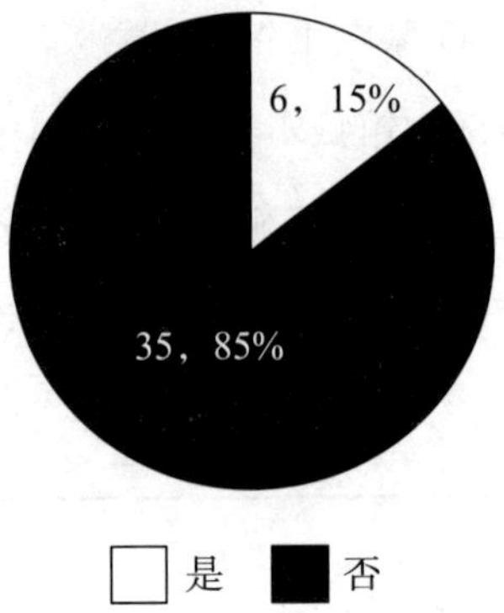

图 5 - 17　图书馆自建盲用资源情况

9. 视障读者

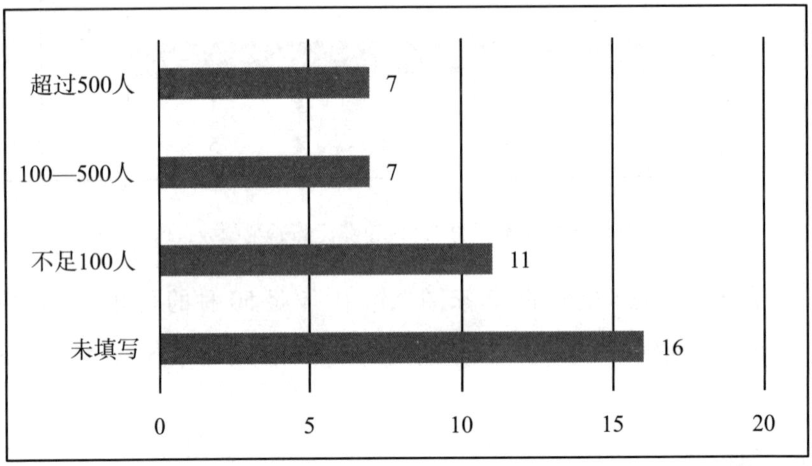

图 5 - 18　图书馆数量分布(按视障读者持证人数区分)

从调查结果可以看出,除了 16 家图书馆为提供视障读者持证人数外,有 11 家图书馆的视障读者持证人数不足 100 人,在超过 100 人的图书馆中,河北省图书馆、山东省图书馆、南宁市图书馆和无锡图书馆 4 家图书馆视障持证人数均超过 1000 人。

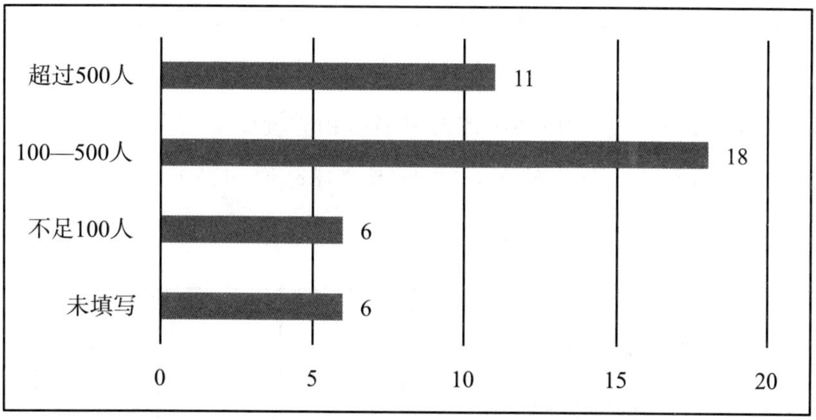

图 5－19　图书馆数量分布（按年服务视障读者数区分）

从调查结果可以看出，有 6 家图书馆未提供年服务人次。在提供数据的 35 家图书馆中，有 6 家（17%）图书馆的年服务人次不足 100 人，51% 的图书馆服务人次主要集中在 100—500 的区间内，有 11 家（32%）的图书馆服务人次超过了 500 人，其中，深圳图书馆、上海图书馆等服务人次超过了 1000 人。

10. 视障服务方式

表 5－6　视障阅览室服务项目

视障服务方式	提供服务的图书馆数量
提供阅览专座和设备	41
盲文书借阅	40
视障辅助设备借阅	7
送书上门及邮寄服务	23
文献资源下载、盲文点字转换等辅助服务	30
面对面朗读	15
志愿者口述影像	16
有声读物借阅及制作	23
读者活动	33

从调查结果可以看出，“提供阅览专座和设备”是所有图书馆都采用的视障服务方式，而除了金陵图书馆外，所有图书馆均提供盲文书借阅服务。另外，提

供举办读者活动、文献资源下载及盲文电子转换等辅助服务、送书上门及邮寄服务和有声读物借阅及制作服务等方式的图书馆相对较多，而提供视障辅助设备借阅、面对面朗读和志愿者口述影像的图书馆相对较少。其中，浙江图书馆提供所有类型的视障服务。而读者活动、志愿者口述影像和送书上门及邮寄服务是视障读者比较喜欢的前三类服务项目。

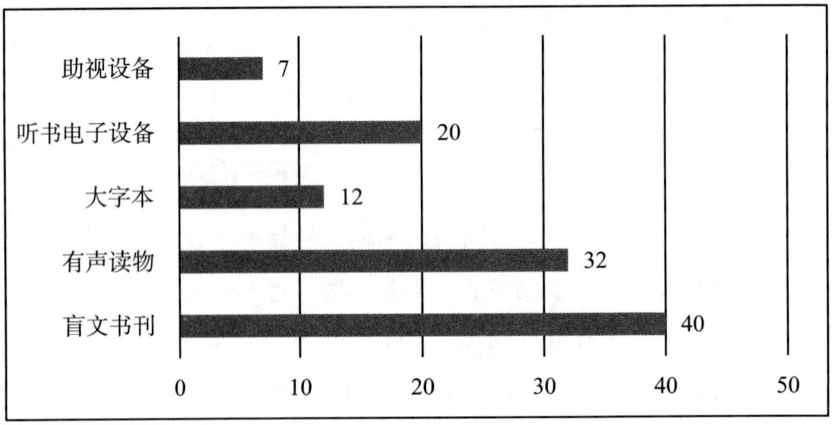

图 5－20　图书馆数量分布（按图书馆借阅服务内容区分）

在图书馆提供的借阅服务内容方面，排第一的是盲文书刊借阅，第二是有声读物，第三是听书电子设备，而大字本和助视设备的借阅服务提供的相对较少。视障读者用户借阅最多的盲文书刊类型是文学类和医学类。

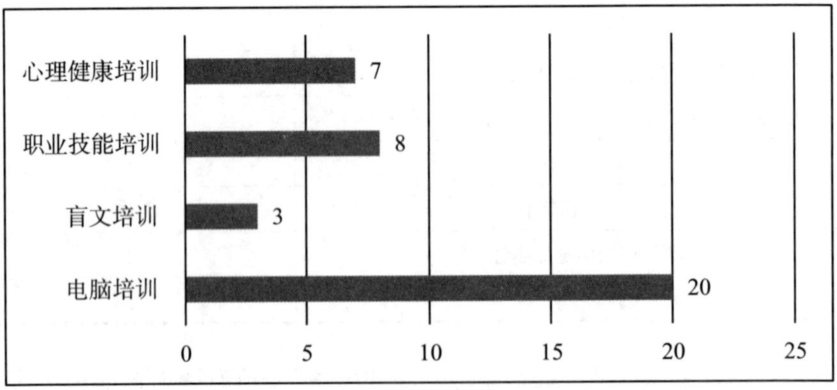

图 5－21　图书馆数量分布（按图书馆开展的培训活动内容区分）

在图书馆开展的培训活动方面，超过半数的图书馆都组织开展了“电脑培训”，少部分图书馆也开展了智能手机培训服务。其次，针对视障读者的工作和心理特点而开展的“职业技能培训”和“心理健康培训”也有一定比例，而开展过“盲文培训”的图书馆只有3家，分别是浙江图书馆、无锡图书馆和徐汇区图书馆。

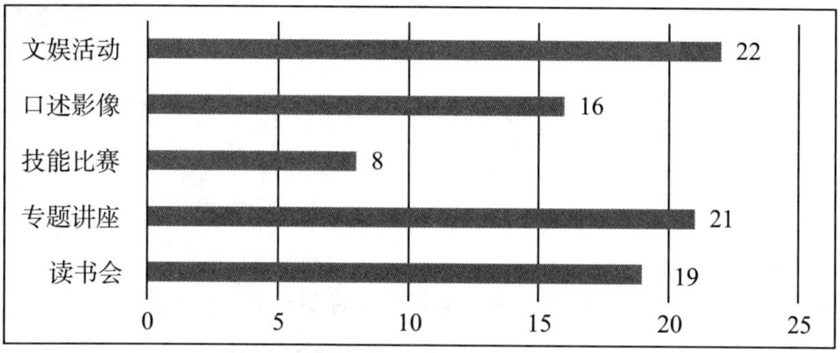

图5－22 图书馆数量分布（按图书馆开展的文化活动内容区分）

在图书馆开展的文化活动内容方面，有超过半数的图书馆都开展了多种形式的“文娱活动”和“专题讲座”，另外，“读书会”和“口述影像”是开展相对较多的文化活动，而开展“技能比赛”的图书馆相对较少。

11.合作单位及社会志愿者

残障群体服务是一个复杂的工作，图书馆之间，图书馆与其他相关机构之间应加大合作力度，共同为残疾人营造良好的文化氛围。

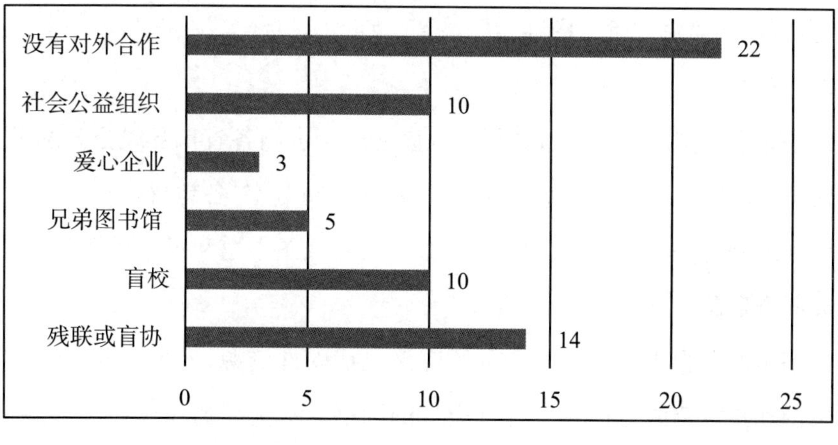

图5－23 图书馆数量分布（按开展服务的合作单位区分）

在图书馆开展服务的合作单位方面，有22家图书馆没有对外合作，在剩余的19家图书馆中，合作单位排在首位的是残联或盲协，比例高达74%；盲校和社会公益组织各占53%，也是合作较多的单位。而与其他兄弟图书馆和爱心企业进行合作的相对较少。这说明，一方面，图书馆与社会单位的合作模式相对比较单一，多是与残联、盲校进行合作；另一方面，图书馆与残联合作的深度与力度均不够，对视障读者的影响作用也相对有限。

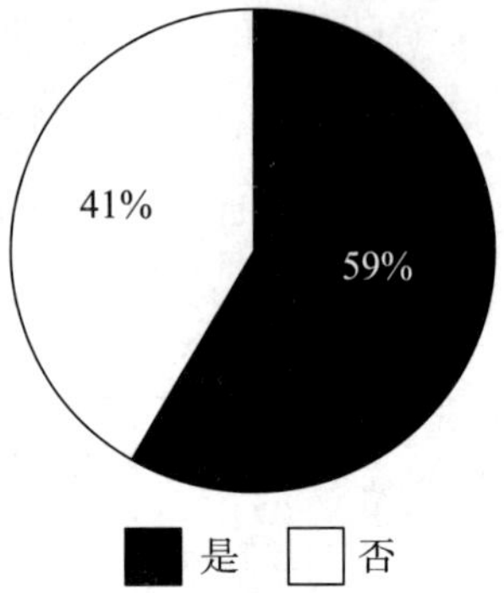

图5-24 是否具有志愿者队伍

在志愿者队伍建设方面，有24家(59%)的图书馆建立了志愿者队伍，人数从几个人到上百人不等，为提升视障服务水平，满足视障用户的多元化需求做出了重要贡献。

二、规范制定建议

被调研的图书馆都表示制定面向视障人士的图书馆服务规范十分必要，从多个方面对服务规范提出了设想和建议：

1. 规范框架

图书馆面向视障人士的服务规范框架应包括服务对象、服务资源、服务效能、服务宣传和监督评价等内容。

2. 服务对象

图书馆面向视障人士的服务规范应该适用于全国各省市县级公共图书馆的视障阅览室、各级残联建立的盲文图书馆和视障阅览室、各地盲校建立的盲文图书馆和视障阅览室、其他盲人服务组织建立的盲文图书馆和视障阅览室。

3. 服务资源

图书馆面向视障人士的服务资源应该包括硬件资源、人力资源、文献资源、经费资源和技术资源等内容。各种类型的图书馆在无障碍设施建设、无障碍设备、无障碍资源和无障碍技术配备方面可以制定相应的量化标准，用于指导各级图书馆及阅览室的建设和服务，但在实际操作层面，应当根据自身馆情或用户情况等内容合理设置，建议不做硬性要求。

具体内容如下：

在无障碍设施建设方面，盲道、无障碍专用卫生间和电梯应当是必备的基础设施，其他无障碍设施可以酌情增添。

在无障碍辅助设备方面，盲用电脑、读屏软件、听书机、盲文显示器等设备应该尽量配备，其他的助视器、盲文复印机、盲文刻印机、盲用手机等内容可酌情增添。

在人员配备方面，应该根据服务视障读者人数、自身服务规划及发展需要配备适当数量的专职人员，同时可配备相应的兼职人员。专职人员或兼职人员都应当具备基本的图书馆专业知识素养，熟练使用各种盲用设备，具备基础的与视障人士交流沟通技巧。

在盲用资源方面，盲文读物和有声读物应当是必备的基础资源，有条件的图书馆可以购置更多的大字本资源，在口述影像资源和数字资源库建设方面加大力度。

在经费方面，如果能争取到相应的专项资金会比较理想，如果不能争取专项资金，那么只能在其他的固定经费中列支。

4. 服务效能

为保证服务效能，阅览室应该保证一定时长的开放时间，采用多种形式的服务方式，满足视障读者的个性化需求。

在服务时长方面，大多数图书馆都建议根据实际需求来设置开放时间，不建议对阅览室服务时长进行硬性规定。

在服务方式方面，除了保证基本的借阅服务外，图书馆可以根据实际需求开展多种形式的个性化服务，如送书上门及邮寄服务、面对面朗读、口述影像和出行活动等内容。

5. 服务宣传

在服务宣传方面，目前的宣传力度相对较弱，有的图书馆基本上没有宣传，有的图书馆会与残联、广播电台等机构进行合作宣传，有的图书馆建议利用新的社交媒体平台（QQ、微信等）进行服务宣传和用户交流。

6. 监督评价

在监督评价方面，可以通过设立读者意见箱、公开监督电话、定期召开座谈会等方式接受用户监督（实际情况中绝少出现投诉现象，主要作为改进服务的手段）。除了用户监督之外，还应当接受各级文化部门、残联以及中国盲文图书馆等机构的监督与评价。

第六章　图书馆残疾人服务模式

公益性文化事业作为文化建设的重要内容，是中国特色社会主义事业总体布局的重要组成部分。公益性文化事业的根本任务是创新公共文化服务模式，建立实用、便捷、高效的公共文化服务网络，实施重大文化工程，拓展公共文化服务领域，保障人民收听收看广播电视、读书看报、进行公共文化鉴赏、参与大众文化活动等基本文化权益。图书馆界应该积极落实中央关于扶持残疾人信息文化服务建设的政策法规要求，以服务残疾人、服务社会、服务政府决策为需求，搭建起相对完善的残疾人阅读服务模式体系，以相关基础理论研究为依据，以信息无障碍标准规范体系建设为准则，以共性关键技术为支撑，以核心服务平台为基础，提供完善的数据资源保障，建设完善的应用示范和推广机制，为我国残疾人文化事业的可持续发展注入新鲜活力，推动我国残疾人事业全面快速发展。

总体来说，应该做到：

• 以残疾人的需求为出发点，争取为残疾人提供更多普通均等的文化权益。

• 普及信息无障碍理念，营造全社会共同关注的信息服务无障碍环境。传播推广先进技术和经验，为图书馆业界改进信息无障碍服务提供咨询帮助。

• 参与数字图书馆信息服务无障碍业务活动中的相关标准、规范和准则等的制定，规范本领域内信息服务无障碍技术服务要求。

• 丰富无障碍资源建设、加强无障碍技术手段，多角度完善无障碍网上服务平台；集合图书馆的资源优势，谋求最大化的合作发展。

依照以上要求，图书馆在开展残疾人服务时可以开展一些提升性的服务对策（模式），着重采取以下服务模式，即被动服务模式、主动服务模式、线上服务模式、线下服务模式。

第一节　被动服务模式

图书馆的被动服务，就是图书馆在读者的推动下进行的服务。顾名思义，图书馆的被动服务模式即图书馆工作人员为满足读者提出的阅读要求而进行服务的模式。具体而言，公共图书馆为残疾人读者提供的被动服务内容可以包括：物理环境建设，完善硬件设施发展；根据要求为残障读者找书，优化现有资源建设；参考咨询，解答残障读者提出的各类问题。

一、硬件设施服务

依照《公共图书馆服务规范》的具体要求，在图书馆硬件设施服务中考虑残障读者的无障碍服务需求。图书馆硬件设施服务主要包括操作环境的无障碍设计，例如图书馆内物理服务设施的便捷性、易操作性、可获得性；馆区内部设立残障专用空间，建造无障碍通道、盲人阅览室以及残障人士专用卫生间；提供残障读者使用的设施，例如助听设备、图文电话、带字幕的视频播放设备等。

在馆区建设方面，在入口处，设置平台区域，安装自动感应门、语音感应系统；在台阶区域，安装连续扶手，在坡道处设置缓冲平台；安装无障碍电梯，在电梯内外铺设盲道；安装残障读者专用的无障碍卫生间，配备专用无障碍洁具；在图书馆出入口、服务台、卫生间等区域铺设盲道，并对盲道进行维护；开设残障读者的阅览区，配备专用书架、桌椅，降低借还书服务台和检索机的高度，方便读者使用；开设多功能区，方便残障读者在此开展各类活动。

二、文献资源服务

以广泛、深入的残疾人需求调研为基础，图书馆应将与残疾人生活、学习、就业、康复息息相关的资源尽可能收全；其中，应将残疾人特殊教育、技能培训、康复医疗等资源作为收藏的重点，计算机、心理、盲人按摩、音乐、文学文艺等相关学习性资源选择性收藏;加强对社会福利、就业、教育等资源的整合,加强资源的系统性,方便残疾人使用。

1. 资源建设的基本原则

(1)针对性

我国作为世界人口大国,残疾人数量也是世界上最多的。中国残联根据第六次全国人口普查数据和第二次全国残疾人抽样调查推算出 2010 年末我国残疾人总人数为 8502 万人①。省这八千多万残疾人涉及近三亿家庭人口,占全国总人口比例的近四分之一。

有针对性地进行资源建设不仅要以常识判断为基础,更要以科学的调查统计为支撑。通过发放调查问卷、用特定仪器测量等调查统计方法,来统计和分析数据,细化不同残疾人群体的具体需求,即明确视障群体、听障群体、阅读困难者、智力和精神残疾等群体的具体兴趣点和信息需求是什么,然后根据调查的结果有的放矢地来进行资源建设。根据不同类型残疾人的生理特点,进行多种载体形式的文献资源建设,针对残疾人的知识需求特点进行重点门类的文献数字资源建设,针对残疾人的信息交流特点进行特色网络资源建设,加大适合各类残疾人使用的数字资源自建力度,提供多元形式的数据媒体,不断完善无障碍信息服务平台。整合全国图书馆参考咨询服务力量,为不同知识水平、不同生理状况的残疾人用户提供深层次、个性化、专业化信息与知识服务。

(2)兼容性

兼容性是保证数字资源能够有效利用和推广的重要保证,面向残疾人的服务资源具有其特殊性,对不同的硬件设备和软件应具备可兼容的能力,保证残疾人群体可以访问资源,享受服务。

建设残疾人信息服务数据标准规范,形成国内与国际统一的残疾人数字资源交换、保存、应用框架,利用图书馆分类、主题工具、读者服务、参考咨询等专业

---

① 2010 年末全国残疾人总数及各类、不同残疾等级人数[EB/OL].[2018 - 10 - 20]. http://www.cdpf.org.cn/sjzx/cjrgk/201206/t20120626_387581.shtml.

服务对残疾人关注的信息进行自动化处理，方便元数据交换和开发，网络上大部分软硬件平台能够相互兼容，与国际残疾人专用数字资源标准可统一交换。

(3)系统性

残疾人作为一个庞大的知识受众群体，只有丰富且有系统的数字化资源才可以改善他们目前在知识环境中所处的弱势地位，真正享受到平等获取信息的权益，满足日益增长的文化需求。

资源建设的系统性要求要坚持非数字可替换格式资料文献资源的数字化和网络上原生数字内容资源的加工、组织并重①。一方面要最大限度地对本馆的珍贵馆藏和特色馆藏进行数字化建设，通过专题网站、数据库列表等形式进行资源揭示，另一方面还要根据残疾人的生理特点和知识需求特点，采购符合残疾人需求的数据库，注重对与残疾人相关的网络资源的集成、导航和本地化转换。

资源建设的系统性要求将传统优秀文化资源及当代先进科学、文化资源整合加工，形成包括图书报刊、舞台艺术、音乐美术、影视佳作、科学常识等内容在内的系统完备的知识信息资源库。在此基础上，除对各类型残疾人有共同需求的知识信息资源的数字化外，要特别注重按照不同残疾群体的需求来建立专题数字资源库，以保障不同类型的残疾人的全方位的知识信息需求得到满足。

2. 资源建设方式

(1)自建方式

依托图书馆的宏富馆藏，根据无障碍标准规范对已有的数字资源内容进行调整和改造，使已有的数字资源内容尽快充实到残疾人数字图书馆的资源中去。对馆藏非数字化资源，应当按照统一的数据格式规范标准，将其制成适合残疾人使用的资源。有研究表明，任何印刷格式的文献资料都可以转录为用户需求的

① 第三届文化部创新奖获奖项目：中国盲人数字图书馆[EB/OL].[2018-10-20]. http://www.mcprc.gov.cn/sjzz/whkjs_4737/whkjs_ztlm/whkjj_whbcxj/201111/t20111128_345269.htm.

盲文、音频、电子文本和大字本格式等可替换格式文献资料①。根据此种办法，将馆藏的非数字化资源进行格式转化和处理，如将文本资源转换为音频资源、视频资源添加字幕和手语等形式，将大大增加残疾人数字资源的数量。

(2)购买方式

图书馆自建资源的数量是有限的，资源自建的时间成本和人力成本也很高。因此，通过财政补贴，用购买的方式来补充和加强资源建设就成为一个必然的选择。

我国的知识数据库发展速度迅猛，已经形成了种类齐全、覆盖面广的数据库群。图书馆需要从众多的数据库中，根据图书馆资源建设的实际，选取购买市场口碑好，符合数据标准规范的数据库资源，可与自建馆藏资源相互补充，形成体系完备的数据资源库群。

(3)共建方式

面向残疾人的数字图书馆资源建设不可能是一家图书馆或机构可以单独完成的，需要集合多家之长、互通有无、通力合作才能完成的。具体来说，与国内各个图书馆(其中包括高校图书馆)进行合作，在统一标准规范基础上，进行资源的共建共享；政府机构要做好资源的调度和政策引导等工作，对参与资源建设的部门和企业给予资金支持和政策优惠，提高相关企业的参与度和积极性；与出版商和内容制造商签订合作协议，形成合作共赢发展的长效机制，有效整合各部门资源，实现资源的共建共享，开拓创新资源的建设模式。

3. 文献资源服务

目前大部分公共图书馆都有适合残疾人阅读的文献资源，但普遍数量有限、内容陈旧，且形式单一。从资源数量看，适用于残疾人的文献资源在整体馆藏中所占比例极低，有的图书馆只有几十、几百册盲文书籍，且这些文献资源更新频率很低，有些甚至是一次购入之后不再更新。从服务对象看，大多数公共图书馆

---

① 戴婕. 公共图书馆残疾人阅读服务的实践与创新——以苏州图书馆为例[J]. 科技情报开发与经济，2015(14)：87－89.

的残疾人服务主要面向盲人读者，建设盲人阅览室或阅览角，为盲人读者提供盲文书籍、有声读物、大字版图书等盲人适用文献的借阅，并在盲人阅览室内配备加装读屏软件的盲人专用计算机，以及扩视器、蓝牙耳机等相关辅助阅读设备，而面向其他残疾类型读者的针对性服务却十分缺乏，提供的文献资源类型和数量极为有限。从服务分布看，不同地域图书馆残疾人阅读服务内容和服务水平不尽相同，位于发达地区的图书馆呈现出资金相对充裕、服务环境良好、设备设施完善、服务内容较为丰富的总体特征。随着残疾人服务意识的加强，残疾人阅读服务基本覆盖了全国副省级以上所有图书馆，包括很多欠发达地区的市级或以下图书馆也都主动开展了残疾人服务，然而相比发达地区，欠发达地区的图书馆在服务条件、服务内容、服务方式方面都有一段差距，且各图书馆的服务相互独立，缺乏必要的交流和共享。

基于被动服务中现存的问题，图书馆应该加大残疾人服务的经费投入，完善馆藏资源配置，注重不断充实、丰富适用于残疾人的资源内容和资源形式，加大资源建设力度，大幅增加资源数量，切实保障残疾人读者的知识需求。

三、参考咨询服务

参考咨询服务是公共图书馆基础服务内容之一。公共图书馆为残障读者所提供参考咨询工作的质量，与提供咨询服务的图书馆员的业务能力密不可分。到目前为止，我国大多公共图书馆内，服务残疾人的一线图书馆员大多数均为兼职，只有少数馆员接受过简单的残疾人服务培训，如掌握基本手语知识等。绝大多数馆员都未曾接受专业培训，缺乏残疾人服务专业知识，仅以普通读者服务的经验服务于残疾人读者，对于残疾人服务基本出于爱心照顾。残疾读者由于生理特殊性，他们的信息需求和心理需求与普通读者都有一定区别，馆员应该根据不同残疾读者的行为特点和需求进行针对性服务。服务残疾人的一线馆员应该具备综合素质高、业务能力强、服务态度好等条件，不仅要掌握图书馆基本知识，还应该掌握基本的手语知识、盲文知识甚至简单的医学知识、心理学知识等，具备与残疾人进行简单交流的能力，具备处理突发事件的能力。在服务残疾人的过程中，既要给予热情周到的引导、细致耐心的讲解，又不能伤害残疾人读者的自尊心；既要提供完善的信息服务又不能过度参与读者的阅读活动。因此，公共图书馆应该设立残疾人服务专职岗位，积极加强残疾人服务培训，向残疾人联合会、盲人协会、聋人协会等残疾人组织机构学习服务经验，培养残疾人服务专业人员，加强职业道德建设，以提升图书馆馆员整体的科技素质、服务素质为重点，有步骤地分批开展残疾人图书馆服务理论培训、业务培训、应用培训、科技培训和服务培训，培养一批现代化、科技化、职业化的专业人才，提升图书馆服务能力与服务质量，提高一线馆员的业务能力和服务水平，使残疾人读者真正享受到图书馆公益性、基本性、均等性和便利性的服务。

第二节　主动服务模式

图书馆是重要的公共文化基础设施和公益性文化服务机构，理应承担起对残疾人进行信息服务与帮助的重任。由于图书馆现有条件的制约和残疾人实际情况的限制，很多图书馆的残疾人服务并不是十分到位。在为残疾人提供服务的过程中，很多图书馆仅仅是敞开大门“坐等”残疾人读者上门，因而造成了很多服务设施利用率低的状况。因此，开展残疾人服务的图书馆在服务中应该进一步增强主动服务意识。变“坐等”读者上门为将读者“请进来”和“走出去”。图书馆要走出大门，主动了解残疾人读者的需求，并针对其需求优化图书馆的服务，通过“走出去”进一步了解残疾人信息获取的状况和要求，倾听广大实际受众的意见和心声，制定出更利于残疾人信息获取的方式，以便为残疾人提供更好的服务。

一、探索主动服务手段

由于残疾人的残疾状况与信息需求的不同，在利用图书馆获取服务的时候也会表现出一定的差异性。对此,建议图书馆积极进行换位思考,深入了解和挖掘残疾人读者的特殊需求,针对不同类型的残疾人提供更具针对性的个性化和人性化服务手段。图书馆可以在传统服务的基础上开展一系列延伸性服务,以尽可能满足不同类型残疾群体的信息需求。例如,可以开展远程办证、电话或网络预约借书、送书上门等个性化服务以为不方便到馆就读的残疾人提供便捷服务;也可以通过电话、网络等服务及时回复残疾人针对阅览服务、借阅服务等的咨询。此外,图书馆还可以策划并开展一些涉及残疾人康复、专业技能、就业等的培训和活动,以更好地帮助残疾人融入社会生活。

二、重视各类协同宣传手段

公共图书馆对残疾人服务工作投入的人力、物力和财力能否取得良好效益,宣传和推广工作起着至关重要的作用。注重开展协同宣传与案例推广,是加强社会对公共图书馆残疾人服务认知的需要,是促进残疾人共享文化成果、提升公共图书馆服务水平的需要,也是构建残疾人文化服务体系的需要。公共图书馆开展残疾人服务是一个动态的过程,这就需要图书馆与社会公众形成一个良好的互动机制。因此,开展有计划、有目的的协同宣传工作,进行有效的案例推广有利于公共图书馆残疾读者服务的提升和社会对此服务的认知及认可程度。本研究认为,公共图书馆可以通过制定全面的宣传推广计划、重视各类协同宣传手段、组织各类推广活动和树立图书馆残疾人服务的公众形象来完成这一互动过程。

开展协同宣传的方式多种多样。第一,图书馆与媒体合作,通过纸质媒介,向公众传达图书馆残疾人专项服务的建设情况,增强公众对此工作的认知;通过电视媒体,更加直观地向人们宣传最新的发展动态和相关新闻,对已开展工作的成效进行播报,提高公众对图书馆残疾人服务的认可程度。第二,图书馆与网络平台合作,通过网络平台加大残障读者服务工作的宣传和推广内容,推送近期专项活动、讲座、设施构建的相关信息,拓宽残障读者对图书馆服务的认知渠道。

第三,图书馆与其他单位合作,组织相关队伍定期深入到残疾人社会服务的相关单位、社区、组织当中,结合大众传媒对相关工作的宣传介绍,加深公众对图书馆服务的认知;公共图书馆可与相关残疾人学校、残疾人关爱组织建立密切联系,定期到学校和组织中进行图书馆知识的宣传和普及,帮助残疾人树立图书馆阅读的意识。

三、组织各类助残活动

公共图书馆作为传播和交流先进文化的重要阵地,肩负着为全体社会公众提供普遍均等的学习机会的重要使命。由于生理不便,残疾人往往较少参与社会文化活动,缺乏必要的人际交往和互动,而同时残疾人又拥有迫切的学习需求和社交需要,因此公共图书馆应该积极组织开展形式多样的文化助残活动,充分利用图书馆的空间、人员和资源优势,为给残疾人创造更多的机会参与到社会活动中来,丰富残疾人文化生活,如开展文化讲座、艺术竞赛、残疾人相关职业培训等活动。选择与残疾人学习、工作、生活相关或残疾人感兴趣的话题内容,定期推出系列文化讲座或其他主题文化活动,同时注重与参与者的互动,随时根据残疾人的需求调整活动主题和活动形式;对于有聋人参与的活动,应配备现场速录人员进行文字直播,或进行手语翻译。目前,各级公共图书馆对于残疾人文化活动均十分重视,但多选择在助残日、盲人节等特殊节日举办活动,缺乏连贯性、常规性,活动的社会影响力不大,辐射范围较小。公共图书馆文化助残活动应该提高连续性、规划性,推出文化助残活动品牌,同时加强与媒体、残联等残疾人相关机构、组织保持良好的合作关系,借助媒体的宣传力量加大图书馆的影响力,借助残联等相关组织机构的群众基础、残疾人服务经验完善活动体验,使更多的残疾人读者走出家门,走进图书馆,更好地融入社会。

四、加强跨界合作服务

推动残疾人阅读服务的深远发展,不应该仅仅依靠图书馆自身的力量应该充分调动社会各界的力量，以公共图书馆为基础，在全社会范围内展开普遍深入合作，实现优势互补，扩大残疾人阅读服务的覆盖面和影响力，使残疾人阅读服务惠及更多残疾人读者。

第一，图书馆之间的联合。随着全国残疾人阅读指导委员会、图书馆信息无障碍联盟等各类组织、联盟的建立，各图书馆间的合作越来越广泛和深入，通过资源共建共享、联合服务、交流学习等合作模式，避免资源重复建设，积极交流服务经验，充分利用有限的资金为残疾人提供尽可能丰富的资源内容。

第二，图书馆与残疾人联合会等残疾人组织的合作。残疾人组织与残疾人联系密切，具有丰富的残疾人服务经验和深厚的残疾人群众基础，图书馆积极与各级残疾人联合会开展合作，发挥残疾人联合会的桥梁与纽带作用，扩大阅读推广服务范围，让更多的残疾人在阅读推广活动中受益。

第三，图书馆与志愿者组织的合作。志愿者组织是社会公益的重要参与者，是公益性事业得以长期稳定发展的重要力量。充分调动社会志愿者的积极性，邀请志愿者参与到图书馆残疾人服务中来，可以弥补图书馆残疾人服务人员不足的窘境，将助力图书馆残疾人文化服务取得更好效果。

第四，图书馆与媒体的合作，图书馆和媒体都具有公共文化服务的功能，两者的合作可以实现双方资源的共享、优化和整合，既扩大了媒体的受众面，也提升了图书馆服务的公众影响力。

第三节　线上服务模式

近年来，新媒体技术的蓬勃兴起为图书馆服务的发展带来了便利。数字电视、网络电视、平板电脑、手持阅读器、智能手机等新媒体终端设备已渗透到社会生活的各个层面，在人们工作、生活以及信息交流等领域引领了一次深刻变革，也给图书馆通过纸质文献及互联网提供信息服务的方式带来新的机遇和挑战。“互联网＋”的提出更是为图书馆的发展提供了新的契机。“互联网＋”的实质就是跨界、变革、开放、融合,是移动互联网、云计算、大数据、物联网等新技术在各行业中的创新应用,通俗地讲就是“互联网 + 相关产业”①。新媒体时代图书馆业务的持续发展,关键在于以新技术的发展为契机创新服务手段、拓展服务领域,将现有图书馆服务方式延伸到新媒体的广阔空间中去。

为所有人提供均等化的服务是公共图书馆一以贯之的服务宗旨,图书馆为残疾人服务的能力和水平是衡量一个公共图书馆整体服务水平的重要指标,也是社会文明、和谐的典型标志。残疾人受身体不便以及城市基础设施不完善的限制,出行极为困难,由此造成以到馆服务为核心的传统图书馆残疾人服务方式利用率偏低,残疾人信息需求得不到满足和图书馆服务资源空置的现象并存。随着信息技术的迅猛发展,新媒体、新技术给残疾人服务带来新的契机,图书馆应该积极引入新技术,突破传统服务思维的禁锢,探索为残疾人提供线上服务的模式,为残疾人提供更为便捷高效的文化服务。

一、推动图书馆网站无障碍建设

图书馆作为人们获取知识、传播文化的社会公益机构,为残障人群创造无障碍的上网环境,消除残疾人群的“信息鸿沟”,帮助他们融入主流社会是图书馆残疾人服务中最重要的内容之一,也是构建社会主义和谐社会的具体体现,更是残疾人自身发展的需求②。工业和信息化部 2012 年 12 月 28 日发布的《网站设计无障碍技术要求》(YD/T 1761—2012)中提出了网站内容设计的 4 项主要原则,即可感知性、可操作性、可理解性和兼容性③。图书馆网站作为残疾人读者获取资源的门户,应该依据这一标准加强无障碍的设计。比如,可以开发适合盲人读

---

① 郝小勤,宋飞,周威,等. 论高校图书馆工作在互联网 + 环境下的发展策略[J]. 农业图书情报学刊,2016(11):96 - 100.

② 王晔斌,谷啸岳,曹芸,等. 公共图书馆网站无障碍信息技术研究与实践[J]. 图书馆杂志,2014(7):78 - 82.

③ 工业和信息化部. 网站设计无障碍技术要求:YD/T 1761—2012[S]. 北京:人民邮电出版社,2013:4 - 9.

者利用读屏软件的链接;便于不同类型的残疾读者理解并使用网站各项内容等设置。网站可以通过提供辅助工具条、语音播放、语音提示登录等进一步增强残疾人读者的无障碍体验。对于图书馆的一些特色活动,开展无障碍文字直播也能更好地服务残疾人读者,消除残疾人读者利用图书馆网站时的障碍。

二、利用社交媒体开展服务

伴随智能手机、平板电脑等便携新媒体设备的普及,社交媒体也得到了迅速发展,渗入人们工作与生活的各个方面。公共图书馆应拓展服务思路,充分利用社交媒体推送图书馆服务及资源。通过 QQ 群、微信公众号、博客、微博、播客、维基、社交网络和内容社区(如豆瓣、优酷)等互动双向的网络平台,提供服务资讯、信息咨询、网络专题培训、视频直播等网络服务,不断拓展图书馆在社交媒体中的服务项目,使读者足不出户就能通过社交媒体轻松获取图书馆服务。

三、交互数字电视服务

数字电视服务作为信息化社会的有机组成部分,近年来得到长足发展,数字电视将成为文化信息服务最重要的方式之一。从用户角度出发,基于遥控器的操作方式也比计算机键盘更为简洁,易于掌握,可有效降低残疾人用户使用成本。残疾人信息服务向数字电视网络的延伸,对于拓宽信息服务辐射范围,提升影响力,将更多用户纳入服务体系具有积极作用。

数字电视采用双向信息传输技术,将传统电视节目的单向传播方式转变为双向交互式传播,允许用户根据自身需求进行网络点播、信息输入等个性化活动。交互式功能的注入真正使广播电视系统成为行之有效的信息交流传输平台,也为面向残疾人的信息服务方式向数字电视领域的拓展提供了可能。2008年,国家图书馆依托科技部“数字媒体内容支撑技术平台”小组的研究,与北京歌华有线电视网络公司合作,开创了基于交互式数字电视系统的图书馆服务创新实践——“国图空间”。截至 2012 年年中,“国图空间”发布视频资源累计超过

600 小时，信息数据超过 25 000 条。“国图空间”以内容的多元化、个性化与互动性，深受媒体、业界和观众的关注，取得了很好的收视成绩。“国图空间”的建设成果有力证明了受众对图书馆数字电视服务方式的认可，为残疾人信息服务迈向数字电视领域提供平台支撑和经验支持。

面向残疾人的数字电视服务，应充分利用已有在建平台，依据数字电视节目制作要求及标准对中国残疾人数字图书馆现有信息资源进行整合、重组、再加工，并扩充适用于电视屏幕的资源类型，如视频资源等，将残疾人信息服务纳入国家图书馆数字电视服务的整体框架。同时，基于用户群体的特殊性要求，中国残疾人数字图书馆的数字电视服务，应具备下述特性：第一，残疾人用户身份认证系统。这是保护版权的必要手段，同时也是提供具有针对性的异质化服务的依据。第二，清晰简洁的界面设计。电视界面要求简单明了，分区合理，摒弃不适合残疾人使用的复杂界面结构和操作步骤，确保残疾人用户通过遥控器的方向键、确认键等少量功能按键即可到达所有区域，畅通使用所提供的全部资源，并尽量减少使用过程中的操作次数。第三，异质化无障碍服务。所有操作均添加语音提示；视频内容配备可识别的字幕，图片配备必要文字说明；电子书全文语音朗读，可通过遥控器按键实现上下翻页、插入书签等功能。从残疾人用户切实需求出发，有针对性的提供异质化资源，如职业教育、心理辅导、医学保健类相关内容。

四、移动阅读服务

移动阅读是指人们利用手机、平板电脑或专用手持阅读器等新媒体终端，随时随地、边走边读的阅读现象。目前移动阅读主要有两种方式，一是通过手机登录 WAP 网站或在手机上下载客户端；二是以提供类似纸质阅读的手持阅读器为载体，随时随地阅读①。作为新兴的阅读方式，移动阅读兼具传统纸质文献的书

---

① 甘平. 移动阅读与图书馆延伸服务研究[J]. 学理论，2011(8)：62，73.

写功能和互联网的交互功能，加之移动、即时的新特点，迅速赢得数量众多的拥趸。

移动阅读大容量、便携、经济、针对性强等特征，对于改善残疾人囿于生理局限的信息获取困境，具有显而易见的积极意义。目前，国内已有包括国家图书馆、上海图书馆、深圳图书馆在内的部分公共图书馆和包括北京理工大学图书馆、重庆大学图书馆在内的一些高校图书馆开始提供基于手机的图书馆服务。初期服务方式比较单一，以依托短信平台的到期提醒、续借、预约、挂失等事务性服务为主，传送内容和服务类型局限性较大。经过几年的发展，图书馆手机服务框架已相对完善和成熟。以国家图书馆为例，在短信服务的基础上，开通了以智能手机为载体的移动数图、手机阅读服务，采用先进的移动通信技术，将实时信息推送服务和用户自主选择相结合，为读者提供便捷、及时、个性化的新型服务。读者在自己的手机上安装国家图书馆提供的客户端软件，即可根据个人喜好订阅信息频道，享用书刊阅读、订阅下载、资源检索等优质服务。

近年来专门为视障群体研制的盲用手机也越来越被市场所重视，为图书馆借助手机拓展残疾人信息文化服务提供了必要的硬件支撑。

残障用户信息获取的不便，使其信息需求较之普通公众更为强烈。由于生活环境、生理状况、职业教育等方面的特殊性，残疾人用户的部分信息需求有别于普通公众，其独特性、多样性信息需求的满足有赖于图书馆的资源储备。从服务方式的角度来看，图书馆先期开展的手机服务具有宝贵的借鉴意义，残疾人信息服务向手机平台的拓展应以先期服务平台为基础，摒弃不适合残疾人使用的服务形式和方法，扩充适用于残障用户的资源和服务。

就我国整体状况而言，残疾人家庭经济基础相对较为薄弱，因此面向残疾人的信息服务应以经济性、公益性为原则。目前，图书馆所提供的手机信息服务基本以免费的方式进行；同时，运营商所收取的上网费用也不断下调，为残疾人充分使用图书馆手机服务提供可能。针对未来的发展方向，可以提出如下几点要求：①结合无障碍技术，提供专业化服务。建设以文本信息为主的、适用于读屏软件的网站，要求分区简单、模块清楚，所有内容均可通过语音读屏获取。②强化互动性，保持用户意见反馈渠道畅通。允许用户以发送短信的方式向图书馆建设者反馈信息。鉴于残疾人用户信息需求的特殊性，及时的用户意见反馈是丰富服务内容、完善服务方式、提高服务质量的重要依据。③线上、线下服务相结合，推进服务人性化。在虚拟咨询、到期提醒、续借、预约等基础性图书馆手机服务之外，为行动不便的残障用户提供“门对门”取、送书服务。④定制服务，突出个性化。根据残障用户的信息需求有针对性地进行信息推荐、服务推送，促使面向残疾人信息服务向纵深发展。如针对视障用户提供文本和音频资源，针对听障用户推送文本和添加字幕的视频。

五、手持阅读器服务

手持阅读器是近年来异军突起的新媒体终端，主要用于电子书的阅读。手持阅读器作为移动阅读领域的重要终端设备，受到市场的积极追捧，成为移动阅读迅速发展的有力推手。国内很多图书馆也纷纷推出基于手持阅读器的服务。国家图书馆与方正 Apabi 合作引进了手持阅读器，用于馆内“方正电子书”平台的扩展阅读，同期推出的还有手持阅读器的外借服务。2010 年 12 月，首都图书馆推出了电子书阅读器外借服务。读者持北京市公共图书馆“一卡通”即可外借阅读器，实现随身移动阅读。

图书馆的手持阅读器服务方兴未艾，而适用于残疾人用户尤其是视障用户的手持阅读器研发还处于萌芽状态。为进一步拓展残疾人信息服务空间，使新兴技术和设备在服务领域发挥重要作用，本书编委会会同残联工作人员、汉王科技有限公司技术专家就手持阅读器向残疾人信息服务领域的延伸进行探讨，通过试用中国盲文出版社研制的第一代盲用手持阅读器，对适用于残障用户的手持阅读器设备特征和服务方式做以下探索：①加强数字资源建设，极大丰富资源内容。②注重版权保护，维护著作人权益。③搭载无障碍技术，确保无障碍使用。操作系统和资源内容都应实现“发声”，且具备多档位语速调节功能。设置简单快捷键,实现全系统快捷键操作,且每个按键上均需有凸出的盲文触点,便于盲人操作。操作系统和内容字体均可缩放,提供可选择的多种屏幕配色方案,以方便弱视、色弱用户使用。搭载摄像头或扫描设备,具备图像转换功能,可以对纸质文本进行拍摄或扫描,并将所得图片转换为文本形式进行存储,实现语音阅读。④降低成本,推出经济型产品。

第四节　线下服务模式

在开展面向残疾人的线上服务模式的同时,图书馆还应该注意改进和提升线下服务模式。线下服务模式是相对于线上服务模式来说的,也即图书馆的传统服务模式,是在图书馆的实际物理空间中开展的图书馆各项服务。残疾人是社会中的弱势群体,由于其特殊性,在社会生活中会受到种种歧视。残疾人期望能够正常享受各种信息资源,追求平等的待遇,在这一点上可能表现得比其他人更为迫切。图书馆的工作人员要在平等与尊重的基础上与残疾人读者进行沟通和交流,营造均等、温馨的阅览环境,让他们能够在平等的氛围中获取知识和信息。各种类型残疾人的残疾状况和信息需求不同,在利用图书馆服务时也会表现出一定的差异性。对此,图书馆应积极进行换位思考,深入了解和挖掘残疾人读者的特殊需求,针对不同类型的残疾人提供更具针对性的个性化和人性化服务手段。图书馆可以在传统服务的基础上开展一系列延伸性服务,以尽可能满足不同类型残疾群体的信息需求。

一、加强和完善基础服务设施建设

残疾人受自身条件的制约,在利用图书馆设施和资源时会面临种种困难。盲道、无障碍电梯的欠缺以及导引服务的不完善都会无情地将残疾人拒于图书馆门外。对于线下服务来说,图书馆残疾人服务的改变首先要为残疾读者提供无障碍的阅览环境。只有消除各种障碍,残疾人读者才能像正常读者一样迈进图书馆的大门,获取知识和信息。在美国,很多图书馆会向不同类型的残疾读者提供具有针对性的服务。他们为聋哑读者配备专门工作人员和标志,提供免费文本电话;为视障读者建立盲人图书馆,提供专用计算机和电话网络。日本的图书馆还会提供面对面朗读服务,残疾读者可以提前和图书馆预约,如果不方便到馆,图书馆可以将书籍录音寄给读者①。

在我国2012年发布的国家标准GB 50763—2012《无障碍设计规范》对文化建筑无障碍设施的具体建设提出了要求,这为残疾人读者利用图书馆提供了最基本的保证。图书馆的建设在软硬件方面也应该坚持人性化,真正贴近残疾人读者的需求,如标识的设计、资源建设、网站建设等都要有所体现。图书馆可以应用语音提示、屏显字幕以及视觉引导等系统,为残疾读者提供无障碍的信息获取环境。

二、开展具有针对性的拓展性服务和延伸性服务

图书馆的线下服务集中于文献的服务。因此,在文献资源建设过程中,需要充分考虑到不同类型残疾人的特殊需求,确保不同类型的残疾人读者来到图书馆后都能够各取所需。具体实践中,可以为视障读者提供大字书、盲文书;为听障读者提供声像读物、文字标识;为智障读者提供一些低难度、趣味性的图书;为肢体残疾的读者设置无障碍设施,并提供相应的阅读辅助设备等。

此外,图书馆应积极转换角色,变"被动服务"为"主动服务",开展一系列具有针对性的拓展、延伸服务,通过线上服务和线下服务的相互补充,相互融合,充分保障广大残疾人读者获取公共文化服务的权利。

三、加强工作人员培训和志愿者队伍建设

追求平等待遇,与正常人同样享受信息资源是残疾人用户的普遍心理②。图

---

① 林秋恋.我国公共图书馆残疾人阅读服务探索[J].图书情报导刊,2016(1):76-78.

② 李美红.图书馆残疾人用户信息服务探讨[J].图书馆工作与研究,2005(4):43-45.

书馆在服务的过程中要进一步转变观念,树立平等意识,维护残疾人的权利和尊严。图书馆的工作人员在服务过程中要在平等与尊重的基础上与残疾人读者进行沟通和交流,营造均等、温馨的阅览环境,让他们能够在平等的氛围中获取知识和信息。前期调查还发现,目前我国开展残疾人服务的图书馆多数都没有配备专门的残疾人服务馆员,而是由一般馆员承担。服务人员素质不高,专业知识缺乏是较为普遍的状况。由于知识和技能的欠缺,图书馆的普通工作人员较难胜任残疾人读者服务,容易造成服务的不到位。从残疾人服务的角度来看,一名合格的残疾人服务馆员应该了解残疾人的需求及身心特点,了解各种助残设备的使用方法,能够针对不同类型的残疾读者提供针对性的服务。

美国图书馆协会(ALA)于2001年颁布的《残疾人服务政策》明确提出"所有图书馆学情报学研究生培养计划都应要求学生学习残疾人专用辅助技术、了解残疾用户及残疾员工需求,以及影响图书馆服务开展的政策、法规等……图书馆应为所有图书馆雇员和志愿者提供培训机会,使他们对影响残疾人的问题敏感,并教授他们为残疾用户提供服务以及与残疾同事共事的有效技巧"①。韩国于2006年颁布实施的《图书馆法》第四十五条中也提出在国立中央图书馆馆长属下设立国立残疾人图书馆援助中心,并提出了要培育教育为残疾人信息服务的专门教师②。

借鉴国外的经验并结合自身情况,图书馆需加强为残疾人提供服务的图书馆员的培训,使其在上岗之前能够掌握一定的知识和技能。各图书馆还应根据具体实践制定适合本馆实际情况的志愿者服务制度,并将其规范化、制度化,充分发挥志愿服务者的作用,将残疾人服务推向新的台阶,通过建设专职人员和志愿者队伍共同推进图书馆残疾人服务的开展。

---

① 王素芳.从物理环境无障碍到信息服务无障碍:我国公共图书馆为残疾群体服务现状调研及问题、对策分析[J].图书馆建设,2010(11):19-27,31.

② 李炳穆,太贤淑,段明莲.韩国图书馆法[J].图书情报工作,2008(6):6-12.

四、加强活动的宣传力度

由于残疾人阅读服务缺乏社会关注，对残疾人阅读活动的宣传报道有所欠缺，严重影响了活动的成效。因此，在开展残疾人服务的同时应该加强活动的宣传力度，通过开展各种类型的活动吸引更多的残疾读者参与。在实际服务中要做到：①组织各类推广活动。要在残疾人、社会公众心目中树立图书馆良好的服务形象，加强社会影响，组织开展各类推广活动是不可或缺的宣传工作。第一，定期开展图书馆残障读者服务主题活动，通过购置相关书籍、推荐书目、举办展览等形式，向残疾人和社会公众树立图书馆服务的形象。第二，与各地区残联、社会组织联合协作开展系列讲座活动，以残疾人容易接受的方式开展图书馆服务内容的宣传推广，以便得到残障读者的接受和认同。②推广重点案例，树立图书馆服务形象。由图书馆的服务意识、服务质量、硬件设施建设和员工水平素质所体现出来的图书馆形象，是一种最直接、最有力度的宣传推广方式。通过重点案例推广，有利于获取残疾人对图书馆价值的认同，拉近他们与图书馆的距离。长此以往，将会在残障读者心中树立图书馆服务的形象，增强图书馆在残疾人和社会公众心中的存在感。

附录一　残疾人文化需求调研问卷

本调研旨在了解各类残疾人读者的信息文化需求,及残疾人使用图书馆信息资源服务的情况,调研结果将用于国家社科基金重点项目《图书馆面向残疾人的服务模式与规范研究》的学术研究。

残疾人文化服务调研问卷

一、基本信息

1. 残疾证编号:性别:

2. 户籍所在地:省市(区、县)

3. 您的年龄:

(1)18—30 周岁　(2)31—40 周岁　(3)41—50 周岁　(4)51 周岁以上

4. 残疾类型:

(1)视力残疾　(2)听力残疾　(3)言语残疾　(4)肢体残疾

(5)智力残疾　(6)精神残疾　(7)多重残疾

5. 您的学历:

(1)初中及以下　(2)高中/中专/盲校　(3)大专/本科及以上

6. 您的月收入情况:

(1)2000 元以下　(2)2001—5000 元　(3)5001—8000 元　(4)8001 元以上

7. 您的职业:

(1)未就业　(2)专业技术或科研人员　(3)企业职工　(4)公务员/事业单位职员

(5)离退休人员　(6)自主创业　(7)自由职业　(8)其他

二、阅读情况

8. 您的阅读目的(可多选):

(1)提高修养　(2)娱乐休闲　(3)学习知识　(4)工作需要　(8)其他

9. 您的阅读领域(可多选):

(1)科学技术　(2)宗教哲学　(3)医学　(4)文化教育　(5)政治法学经济军事

(6)文学/艺术 (7)娱乐体育 (8)历史地理 (9)生活保健

10. 您主要通过何种途径学习知识(可多选):

(1)广播 (2)电视 (3)纸本书籍/报刊 (4)计算机

(5)手机 (6)听书机 (7)其他移动终端

11. 每周纸本书籍阅读时间:

(1)3 小时以下 (2)3—7 小时 (3)7 小时以上 (4)其他

12. 每日网络阅读时间:

(1)1 小时以下 (2)1—3 小时 (3)3 小时以上 (4)其他

13. 在阅读信息内容上,您更关注哪类话题(可多选):

(1)就业招聘 (2)职业技能 (3)社会保障/福利 (4)医疗保障/康复

(5)子女教育 (6)经济/投资理财 (7)文化娱乐 (8)残疾人政策

(9)其他

14. 请列举您经常阅读/使用的互联网网站,并注明其优劣特征:

15. 在使用互联网资源时,请列举您遇到的操作/使用困难?

二、图书馆利用情况

16. 您是否使用过实体图书馆的阅读服务?

(1)是 (2)否

17. 您到图书馆的频率:

(1)从未去过 (2)偶尔去 (3)经常去 (4)每天去

18. 您利用过图书馆哪些服务(可多选):

(1)图书阅览及借阅 (2)参考咨询服务 (3)网络服务 (4)数字图书馆

(5)图书馆讲座/培训 (6)残障读者活动

19. 您希望图书馆增加哪些特殊文献资源类型(可多选):

(1)有声读物 (2)盲文书籍 (3)有声化 OPAC (4)无障碍电影

(5)无障碍讲座、展览 (6)音视频资源 (7)大字书 (8)盲文宣传手册

(9)其他

20. 您希望图书馆增加哪些特殊文献资源内容(可多选):

(1)管理类 (2)文学艺术类 (3)军事历史类 (4)医学保健类

(5)社科人文类　(6)哲学宗教类　(7)政治、法律类　(8)科技类

(9)青少年读物　(10)其他

21. 您希望图书馆提供哪些服务(可多选):

(1)为残障读者定制讲座　(2)残障志愿者服务　(3)专门的视障服务专题网站

(4)残障人士技能培训班　(5)组织丰富多彩的读者活动　(6)文献资料的及时更新

(7)阅览室聚会交流　(8)其他

22. 您使用实体图书馆的困难包括(可多选):

(1)出行不便　(2)馆区无障碍设施不完善　(3)特殊文献资源量少

(4)不清楚图书馆开展的服务与活动　(5)残疾人服务不完善　(6)其他

23. 您是否使用过基于互联网的数字图书馆服务?

(1)是　(2)否

24. 您对目前数字图书馆服务的评价?

25. 请留下您对完善图书馆残疾人服务的意见和建议:

附录二　图书馆面向残疾人服务现状调查问卷

本调研旨在了解全国公共图书馆为残疾人提供信息资源服务的情况，问卷包括图书馆基础服务和图书馆整体规划两部分。调研结果将用于国家社科基金重点项目《图书馆面向残疾人的服务模式与规范研究》的学术研究。

图书馆基础服务部分

1. 贵馆面向残疾人提供的服务起始于______年，请对服务发展过程的重要时间节点进行描述。

2. 贵馆已为总计______（人或次）的残疾人读者提供服务，其中不同残疾类型的读者分占比例为：

肢体残疾：____%；视力残疾：____%；听力残疾：____%；言语残疾：____%；

智力残疾：____%；精神残疾：____%；多重残疾：____%；

3. 贵馆设置的残疾人专门阅览区域数量为：

A. 残疾人阅览室______个，阅览座席______个

B. 无残疾人阅览室，有阅览专座______个

C. 未设置专门阅览区域

4. 贵馆为残疾人提供的无障碍设施包括：（可多选）

A. 坡道　　B. 盲道　　C. 无障碍专用卫生间

D. 无障碍电梯　　E. 盲文标识　　F. 提供导引服务

G. 其他辅助设施____________________（请填写）

5. 贵馆面向残疾人读者提供的特殊馆藏资源形式及数量概况：

A. 盲文出版物（数量）：

B. 视听材料（数量）：

C. 有声读物（数量）：

D. 描述性视频（数量）：

E. 有声化 OPAC：

F. 其他,请具体描述:

6. 请描述介绍贵馆普通读者群体对图书馆残疾人服务建设的关心和建议意见情况:

7. 贵馆残疾人服务和设施利用率情况:

A. 来馆残疾人读者较多,设施利用率较高

B. 来馆残疾人读者数量稳定,设施利用率尚可

C. 来馆残疾人读者较少,设施利用率低

D. 来馆残疾人读者在开馆初期较多,后期骤减

如对残疾人服务被利用情况进行了定期监测与统计,请提供具体数据报告。

8. 贵馆如对服务成果进行过满意度调查或设立了满意度认定标准,请提供具体内容。

图书馆整体规划部分

一、残疾人服务理念

1. 贵馆针对残疾人服务是否制定过相关服务政策?请提供相关政策文稿,并描述其制定过程及内容修改及完善情况(可附页)。

2. 请描述贵馆在服务残疾人方面秉承的理念或观念,或今后对于图书馆服务残疾人方面的规划与措施。

二、残疾人服务投入情况

1. 贵馆在面向残疾人提供服务方面的经费投入情况,请提供具体内容。

	2010 年	2011 年	2012 年	2013 年	2014 年(预算)
经费(万元)					
经费来源					

2. 物理环境建设

(1)请描述贵馆在馆舍无障碍设施方面的建设情况,如盲道、残疾人卫生间和残疾人可用标识的搭建与设置等,请提供相关具体内容文稿。

(2)贵馆在建筑功能布局中,是否有相应的专门服务区或阅览区?请提供相关建筑布局的具体介绍文字。

(3)请对贵馆其他以服务残疾人为特色的环境设置进行描述介绍,或对公共图书馆残疾

人特色服务物理环境搭建给予建议：

3. 文献资源建设：

贵馆如制定了针对残疾人生理特点和知识需求的特殊文献建设原则、建设标准或相关规划，请提供相关具体内容；如尚未制定，请给予建设意见和建议：

三、面向残疾人提供的服务方法或服务手段

1. 贵馆面向残疾人读者服务的服务方式有：

A. 文献借阅　　B. 教育和信息咨询　　C. 网络数字化服务

D. 定期举办主题活动（如与特殊教育机构或针对特定人群开展的活动等）：

请具体描述以上服务方式取得的效果与存在问题：

2. 贵馆是否开展了以下面向残疾人群体的特色性服务：

A. 送书上门　　B. 有声读物借阅　　C. 盲文资料借阅

D. 志愿者朗读　　E. 点字转换　　F. 残疾人读者在线咨询

G. 残疾人职业技术培训　　H. 电脑及网络辅助服务（如文献下载等）

I. 残疾人专题讲座及座谈　　J. 手语培训　　K. 其他

请针对公共图书馆面向残疾人读者提供特色性服务给予意见和建议：

四、面向残疾人服务的技术保障

1. 硬件技术设备方面：

2. 软件技术应用方面：

3. 网络配置方面：

4. 信息节点（终端设备）方面：

5. 辅助设备应用方面：

在技术支持方面，贵馆对未来服务残疾人的规划设想：

五、人员保障

1. 贵馆是否设置专职从事残疾人读者服务的工作人员，请提供关于工作人员相关知识背景和知识技能方面的详细内容，以及贵馆对服务残疾人工作的人员构建设想。

2. 贵馆是否提供过面向残疾人服务的专项教育培训，或组织志愿者参与活动工作包括举办志愿者相关培训等。

六、合作开展情况

1. 贵馆与哪些业界或外界机构展开了残疾人服务合作?

2. 贵馆与合作方的合作方式有哪些?

七、贵馆如在提升残疾人服务和强化残疾人服务效果方面有迫切性需求或其他意见建议,请提供具体内容。

附录三　图书馆面向视障人士服务现状调查问卷

本调研旨在了解公共图书馆开展视障人士服务的情况，调研结果将为《视障人士图书馆文化服务规范》的起草提供借鉴以确保其合理、可行。

【第一部分：基本信息】

1. 馆名：__________________，所属级别：________（a. 省级　b. 市级　c. 县级）

贵馆的视障读者服务工作由____________________部门具体负责管理。

视障阅览室负责人：__________　电话：__________　邮箱：__________

视障阅览室主管领导：__________　电话：__________　邮箱：__________

职务：__________（a. 馆长　b. 副馆长）

2. 贵馆面向视障读者提供服务的起始时间是______年。

3. 贵馆在面向视障读者提供服务的经费投入情况：创办经费投入________万元；“十二五”期间每年运营经费情况（经费来源请选择：a. 政府专项经费　b. 馆业务经费　c. 残联支持　d. 企业赞助　e. 自筹资金　f. 其他________）。

	2011 年	2012 年	2013 年	2014 年	2015 年
经费（万元）					
经费来源					

4. 贵馆针对视障读者服务是否制定过相关服务规范或标准？如有请提供相关内容。

____

____

5. 贵馆开设视障人士阅览服务区域情况：

（1）盲人（视障）阅览室建立时间________，阅览室______个，面积________ m^2，阅览座席______个，所在楼层________层是否在贵馆馆内________（是/否）

（2）无专设阅览室，有设置阅览专座________个

（3）未设置专门阅览区域

6. 贵馆的无障碍设施主要有(可多选):

A. 盲道　　B. 语音导向　　C. 无障碍卫生间　　D. 盲文标识

E. 无障碍坡道　　F. 无障碍电梯(点字电梯按钮,电梯语音提示)

G. 自动感应门　　H. 其他________________________________

7. 贵馆是否设有专职工作人员:

A. 是,________人

B. 否,兼职________人

8. 专职工作人员(含兼职)学历:________研究生______名;本科______名;专科及以下______名

9. 视障阅览室(阅览区)开放时间:________—________

【第二部分:资源/设备】

10. 贵馆配备的无障碍设备有(可多选):

A. 盲用计算机______台

B. 读屏软件______种,分别是______(a. 阳光　b. 永德　c. 争渡　d. 其他)

C. 盲文点显器______台,包括德国 METC ______台、清华点显示器______台

D. 助视器______台　　E. 盲用扫描棒______支

F. 盲文刻印机______台　　G. 盲文复印机______台

H. 听书机______台,包括阳光听书机______台、博朗听书机______台、其他______台

I. 录制设备______台　　J. 其他____________________

11. 贵馆馆藏盲用文献资源有(可多选):

A. 盲文图书种______册　　B. 盲文杂志______种______册

C. 大字本种________册　　D. 有声读物种______件(或______ GB)

E. 无障碍影响______种　　F. 数字资源______ GB

G. 其他

12. 贵馆自建(制)的盲用资源有:

A. 网络资源:电子书种______ GB;电子期刊______种______ GB;

有声读物种______ GB;其他______ GB

B. 文献资源:盲文图书______种______册;盲文杂志______种______册;

大字本______种______册;其他__________种/册

【第三部分:视障服务】

13. 贵馆服务视障读者人数:________;每年服务人次:________。

14. 贵馆的视障阅览室或阅览区对视障读者开放的时间是:________小时/周。

15. 贵馆为视障人群提供的服务方式主要包括(可多选):

A. 提供阅览专座和设备　B. 借阅服务　C. 送书上门及邮寄服务

D. 文献资源下载、盲文点字转换等辅助服务　E. 面对面朗读

F. 志愿者口述影像　G. 有声读物借阅及制作

H. 读者活动(讲座、培训、读书会、座谈会、征文、电脑比赛等)

I. 其他____

16. 最受视障读者喜爱的服务项目是:____

17. 贵馆为视障人群开展的借阅服务包括(可多选):

A. 盲文图书/期刊借阅　B. 有声读物借阅　C. 大字本借阅

D. 听书电子设备借阅　E. 助视设备借阅　F. 其他

18. 最受视障读者喜爱的借阅服务是:____

19. 贵馆为视障人群开展的培训活动包括(可多选):

A. 电脑培训　B. 盲文培训　C. 职业技能培训　D. 文化技能培训

E. 心理健康教育培训　F. 其他

20. 贵馆为视障人群组织的文化活动包括(可多选):

A. 读书会　B. 专题讲座　C. 技能比赛　D. 口述影像　E. 文娱活动

F. 其他______________________________

【第四部分:其他】

21. 贵馆是否会定期开展图书馆视障服务宣传与推广服务?

A. 经常宣传推广　B. 偶尔宣传推广　C. 没有进行过宣传推广

22. 贵馆开展图书馆视障服务宣传与推广服务通常如何开展?(可多选)

A. 通过网站宣传推广　B. 通过报刊宣传推广

C. 通过短信宣传推广　D. 通过 QQ 宣传推广

E. 通过微信宣传推广　F. 通过盲人学校或社区进行宣传与推广

G. 其他______________________________

23. 贵馆是否成立志愿者服务团队：

A. 没有　　B. 有，志愿者人数______；年服务志愿者______人次

24. 贵馆是否设有详细志愿者管理方案？

A. 有，请提供详细管理方案（仅供修改标准参考）　　B. 没有

25. 贵馆的视障人士文化服务是否有监督和评价机制？

A. 有　　B. 没有

26. 贵馆对于视障人士文化服务有哪些监督途径？

____

27. 贵馆对于视障人士文化服务有哪些监督手段？

____

28. 贵馆视障用户有哪些评价途径？

____

29. 贵馆对视障读者的评价如何处理、落实？

____

30. 贵馆接到视障服务的投诉建议是否会予以反馈？一般多久会处理？

____

31. 贵馆是否会定期做视障读者满意度调查？

A. 是　　B. 否

32. 贵馆多久做一次视障读者用户问卷调查？

____

附录四　国家图书馆中文图书全文转换加工规范

1　前言

国家图书馆(以下称本馆)是综合性研究图书馆,担负着为国家保存纸质文献、缩微文献、视听文献等传统资源和数字资源的职责。中文图书作为传统文献,利用数字图书馆技术转换为数字资源是本馆资源建设的重点工作。

为满足特定用户及特殊用途的需要,本馆对中文图书进行数字化及全文转换加工,特制定《国家图书馆中文图书全文转换加工规范》。本规范规定了中文图书全文转换的工作内容、质量要求、技术规格和验收标准。加工单位必须完全依据本规范所规定内容和要求进行加工;本馆在验收数字资源建设成果时,将依照本规范进行检验。

本规范针对当前中文图书的一般情况制定。鉴于我国目前图书出版情况复杂,选择印刷、排版等标准不统一,会存在本规范未涉及内容。在中文图书全文转换加工过程中如遇到超出本规范内容,加工单位需及时与本馆沟通,双方协商解决。

本规范针对已有数字化图像的中文图书制定。若中文图书没有数字化图像,则需先对其进行数字化加工(依据本馆《中文图书数字化加工规范》),再依据本规范进行全文转换加工。

为确保中文图书全文转换加工成果符合本馆保存及利用的要求,随着数字化及文本转换应用技术和设备的更新,本馆保留调整本规范的权利。

2　术语和定义

2.1

单版 TXT 文件

由图像数据一一对应进行文本转换得到的 TXT 文件。一个单版 TXT 文件对应一个图像文件。

2.2

合并版 TXT 文件

将单版 TXT 文件按类别分别进行合并得到的 TXT 文件。包括前封合并版 TXT 文件、目录前的前附页合并版 TXT 文件、目录后的前附页合并版 TXT 文件、目录页合并版 TXT 文件、正文合并版 TXT 文件、后附页合并版 TXT 文件、后封合并版 TXT 文件等。

2.3

拆分版 TXT 文件

将合并版 TXT 文件按照原书一级目录进行拆分得到的 TXT 文件。包括前封拆分版 TXT 文件、目录前的前附页拆分版 TXT 文件、目录后的前附页拆分版 TXT 文件、目录页拆分版 TXT 文件、正文拆分版 TXT 文件、后附页拆分版 TXT 文件、后封拆分版 TXT 文件等。

3 工作内容

3.1 图像数据交接

3.1.1 将中文图书图像数据及相关文档交付加工公司

3.1.2 办理交接手续,填写《待加工图像数据交接单》(附件一),一式两份,双方各执一份。

3.2 图像数据审核

3.2.1 核对接收数据内容及数量与《待加工图像数据交接单》是否相互匹配。

3.2.2 图像文件放大到 1:1 状态,逐页检查图像品质。

3.2.3 核对图像文件与数据库及说明文件内容是否一一对应。

加工公司在审核过程中发现的问题需及时与本馆联系,对问题进行处理。

3.3 图像文本转换

3.3.1 对图像数据逐页进行版式分析,并对版式分析结果进行质检。

3.3.2 对图像数据逐页进行文本转换,生成单版 TXT 文件,文件名与对应图像文件名一致。

3.3.3 对单版 TXT 文件进行校对。

3.3.4 经验收合格的单版 TXT 文件需合并生成合并版 TXT 文件,按照命名规则(附件二)进行命名。

3.3.5 经验收合格的合并版 TXT 文件需拆分生成拆分版 TXT 文件,按照命名规则(附件二)进行命名。

3.3.6 图像中的注释、下划线等特殊情况需进行专门处理,表格、插图、空白页等需进行描述,描述内容用“[=”“ =]”进行标识(“[=”“ =]”均用半角标识),并保存未转换文件对应的图像文件,详见特殊情况处理办法。(附件三)

3.4 文本文件检查

3.4.1　按照命名规则(附件二)检查文档、介质等名称是否正确。

3.4.2　检查所有文件保存位置是否正确,是否可以正常地打开、显示。

3.4.3　检查文件数量、命名是否与对应图像文件一致。

3.4.4　发现文件缺漏时,应及时补做并正确插入文件;发现文件重复时,应及时删除,并保证文件数量无误。

3.4.5　检查文件保存格式是否符合要求。

3.4.6　逐页逐字检查文本文件内容是否与原书一致。

3.4.7　检查文本文件段落结构是否与原书一致。

3.4.8　检查文本文件插图与表格位置标注是否正确。

3.4.9　检查各类说明、统计、验收等文档是否齐全。

3.5　制作数据说明文件

3.5.1　制作保存数据介质的说明文件。(样例1)

3.5.2　填写《中文图书全文转换验收数据提交单》。(附件四)

3.5.3　填写《中文图书全文转换数据提交清单》。(附件五)

3.5.4　填写《中文图书全文转换未转换文件记录表》。(附件六)

3.5.5　填写《中文图书全文转换加工文字量统计表》。(附件七)

3.5.6　填写《中文图书全文转换成品数据移交单》。(附件八)

3.5.7　填写《中文图书全文转换数据说明文件》。(附件九)

3.6　数据备份

3.6.1　数据硬盘备份

内容包括单版TXT文件、合并版TXT文件、拆分版TXT文件、对应中文图书数据库、说明文件,各一份。

TXT文件按加工编号递增顺序依次放置在硬盘卷一、卷二的根目录下,单版TXT文件存储路径为\单版TXT\大流水号\子流水号\;合并版TXT文件存储路径为\合并版TXT\大流水号\子流水号;拆分版TXT文件存储路径为\拆分版TXT\大流水号\子流水号;与TXT文件对应的中文图书数据库、说明文件均存放于卷二的根目录下。

3.6.2　数据光盘备份

内容包括单版TXT文件、合并版TXT文件、拆分版TXT文件、对应中文图书数据库、说明文件,一式两份。

TXT 文件按加工编号递增顺序依次刻录在光盘根目录下,单版 TXT 文件存储路径为\单版 TXT\大流水号\子流水号\;合并版 TXT 文件存储路径为\合并版 TXT\大流水号\子流水号;拆分版 TXT 文件存储路径为\拆分版 TXT\大流水号\子流水号;与 TXT 文件对应的中文图书数据库、说明文件存放于光盘根目录下。

3.7 文本转换数据交接

3.7.1 验收数据

双方认真履行交接手续。数据提交单位填写《中文图书全文转换验收数据提交单》(附件四),与存储介质和验收数据,一并送交本馆。本馆接收人员对数据类型、数量和介质核对无误后签字接收验收数据。《中文图书全文转换验收数据提交单》一式两份,双方各执一份。

3.7.2 成品数据

双方认真履行交接手续。数据提交单位填写《中文图书全文转换成品数据移交单》(附件八),与存储介质和成品数据,一并送交本馆。本馆接收人员清点内容和数量后,签字接收成品。《中文图书全文转换成品数据移交单》一式两份,双方各执一份。

4 质量要求

4.1 文本数据编码方式采用"Unicode",无法录入的生僻字、公式、符号等内容用"="表示。

4.2 文本数据应如实反映原书内容、版面等所有原书相关信息。

4.3 文本数据保存格式为 TXT 纯文本格式。

4.4 文件命名无误,且在数量上与 TIF 图像一致。

4.5 文本数据内容与 TIF 图像内容吻合,不存在乱码、转换错误等问题。

4.6 文本数据应如实反映原文的章节、段落,不应出现与文章段落不符的字符、段落、硬回车、空格等。

4.7 单版 TXT 文件与合并版 TXT 文件、拆分版 TXT 文件内容完全一致。

4.8 说明文件、各类表格等内容严格按照附件规定和样例版式,加工方不得擅自更改。

4.9 介质中不得存放与备份内容无关的文件、严禁携带病毒、严禁浪费介质空间。

4.10 光盘刻录符合 ISO/IEC 16449 标准,必须使用本馆指定的刻录设备,并在 8X 以下速度一次性写入,封口刻制;光盘存放环境在温度 21 ± 1℃,湿度 40%。(建议使用 SONY RW 刻录

设备）

4.11　使用光盘为带有国家图书馆标识的盘片，严格按照盘面书写、光盘标签等要求操作。（附件十）

4.12　在加工过程中如遇特殊情况，加工方不得擅自更改，应及时与本馆沟通解决并做备忘记录。

5　成品验收

5.1　验收内容

文本转换TXT文件，说明文件等成品数据的质量和数量；保存介质的品质以及数据结构。

5.2　验收标准

5.2.1　本馆数据验收采取抽样检验，抽检样本数根据数据质量做动态调整。

5.2.2　送检数据内容与《中文图书全文转换验收数据提交单》相互匹配，数据和文档一一对应，不可夹杂无关文件。

5.2.3　文本转换数据的文字、符号、版式、段落顺序、图表位置，各种说明文件的内容准确，其字符综合错误率不超过0.1‰。

5.2.4　文本转换数据页面内容与对应TIF图像一致，页码连续，不得有跳号情况，不需转换的页面按照特殊情况处理办法正确描述，页面错误率为0。

5.2.5　成品数据文件名、保存介质命名、数据存放方式、备份数量符合要求，且各类型保存介质内无坏死文件、不准携带病毒，错误率为0。

5.2.6　达到验收标准的数据视为合格，合格范围内检查出的问题进行修正；未达到验收标准的数据由加工单位重新对进行数据的检查、修改、重扫等返工工作。

5.2.7　本馆验收人员撰写《中文图书全文转换数据验收记录单》（附件十一），将验收结果及时通知加工单位，并监督处理过程和结果。

附件一：待加工图像数据交接单

编号：

交接时间			
提供部门		接受部门	
提供人员		接受人员	
数据概况：			
备注：			

附件二:命名规则

1. 图书加工编号(book_id)

与对应的数字化图书加工编号一致。

2. 文本转换文件名

文件名后缀为小写字母。

(1)单版 TXT 文件

与对应 TIF 图像文件名一致。

(2)合并版 TXT 文件

前封合并版 TXT 文件名为 A;目录前的前附页合并版 TXT 文件名为 B;目录后的前附页合并版 TXT 文件名为 D;目录页合并版 TXT 文件名为 C;正文合并版 TXT 文件名为 T;后附页合并版 TXT 文件名为 Y;后封合并版 TXT 文件名为 Z。

(3)拆分版 TXT 文件

前封拆分版 TXT 文件名为 A00001,按顺序递增,一个前封对应一个拆分版 TXT 文件;目录前的前附页拆分版 TXT 文件名为 B00001,按顺序递增,一个目录前的前附页对应一个拆分版 TXT 文件;目录后的前附页拆分版 TXT 文件名为 D00001,按顺序递增,一个目录后的前附页对应一个拆分版 TXT 文件;目录页拆分版 TXT 文件名为 C00001,按顺序递增,一个目录对应一个拆分版 TXT 文件;正文拆分版 TXT 文件名为 T00001,按顺序递增,一个一级目录的一章对应一个拆分版 TXT 文件;后附页拆分版 TXT 文件名为 Y00001,按顺序递增,一个后附页对应一个拆分版 TXT 文件;后封拆分版 TXT 文件名为 Z00001,按顺序递增,一个后封对应一个拆分版 TXT 文件。

3. 数据库

与对应的数字化图书数据库名称一致。

4. 光盘命名

光盘起始号:01109B10001;01109B20001,其第一位 0 为文献基本资料类型(图书),第二位 1 为文献语种(中文),第三、四位 10 为项目年度后两位缩写,B1、B2 指光盘第一套、第二套,后四位为流水号,按顺序依次排序。

5. 硬盘命名

按照本馆设备财产号作为硬盘名称。

附件三:特殊情况处理办法

1.注释

注释分注释类和解说类,仅对有意义注释进行转换,无意义注释不做转换。

(1)注释出现在当页,且明确标出与正文对应位置的将注释内容填入括号“()”内,插回到原文注释所对应的位置。

(2)注释在一篇文章或章节结尾,以参考或引用等专项标题单独列出的按原文版式转换,不插回原文。

(3)解说类注释出现在正文文字段落中间或左右两侧,在正文中无对应位置的将注释内容放在其出现的那段文字后,另起一段,段首标注“注释:”。

(4)解说类注释出现在黑框或深色底框内,且在正文文字段落中间的将注释内容放在【】内,原位置转换。

2.空白页

为保持内容完整性和页面连贯性,正文中空白页需保留,并按照命名规则正确命名,内容标注为“[=此处为空白页=]”。

3.插图与插图页

(1)插图

仅对有意义插图进行转换和标注。在插图出现的段落后另起一段,标注为“[=此处为插图(图注)=]”。

(2)插图页

都需保留,并按照命名规则正确命名,内容标注为:“[=此处为插图页(图注)=]”;对于包含多个插图的插图页,内容标注为:“[=此处为插图页:图一(图注),图二(图注)…… =]”。

4.表格与表格页

表格只转换表格内文字及表注,任何形式表格边框不予转换。

(1)表格

简单的单列或横向排版表格应予转换;多列复杂表格,内容为分类列举的文字按列予以转换;其他表格不予转换,在表格出现的位置,标注为“[=此处为表格(表格说明)=]”。

(2)表格页

都需保留,并按照命名规则正确命名,内容标注为“[=此处为表格页(表格说明)=]”。

对未进行转换的图像和表格,需在其所属单版TXT文件目录内建立“unreimage”子目录,将此插图/表格所在的图像文件保存在该子目录内;多个插图/表格对应同一个图像时,仅保存一个图像文件。同时对未进行转换的插图/表格在《中文图书全文转换未转换文件记录表》中进行记录。

5. 拼音文字混编

拼音文字混编分为对全文均做拼音标注和仅对个别文字做拼音标注两种情况。

(1)全文均做拼音标注的(拼音一般标注在文字上方)只转换文字,不转换拼音。

(2)个别文字做拼音标注的(拼音一般标注在文字后面)需按照原文版式,同时转换文字和拼音。

6. 下划线

(1)下划线标记的为单个字符或字母的将标注内容填入【 】,放在有下划线的字符或字母后。

(2)下划线标注的为一句话或一段字符或字母的将有下划线的内容放在( )内,标注内容填入【 】,放在有下划线的内容后。

例如:

单个字符或字母:

There is a tree　　转换后　　There is【A】a tree

A

一句话或一段字符或字母:

There is a tree　　转换后　　(There is a tree)【B】

B

附件四:中文图书全文转换验收数据提交单

编号:

<table>
<tr><td colspan="2">提交时间</td><td></td></tr>
<tr><td colspan="2">加工单位</td><td rowspan="2"></td></tr>
<tr><td colspan="2">提交人员签字</td></tr>
<tr><td colspan="2">接收单位</td><td rowspan="2"></td></tr>
<tr><td colspan="2">接收人员签字</td></tr>
<tr><td rowspan="2">介质</td><td>类型(编号)</td><td></td></tr>
<tr><td>数量</td><td></td></tr>
<tr><td colspan="2">图书加工编号</td><td></td></tr>
<tr><td rowspan="4">内容</td><td>图书数量</td><td></td></tr>
<tr><td>文件数量</td><td></td></tr>
<tr><td>数据库</td><td></td></tr>
<tr><td>文字量</td><td></td></tr>
<tr><td colspan="2">备注</td><td></td></tr>
</table>

附件五：中文图书全文转换数据提交清单

数据提交清单（公司名称）：

数据内容：　　　　　　　　数据格式：　　　　　　　　提交时间：

序号	硬盘/光盘编号	加工编号（起始/终止）	图书册数	文件数	备注
合计					

签字：

附件六:中文图书全文转换未转换文件记录表

序号	加工编号	未转换图像文件名	对应单版文本文件名	未转换原因	备注
合计					

备注中需标注此文件为“整页未转换”还是“部分未转换”。

附件七：中文图书全文转换加工文字量统计表

序号	加工编号	书名	文字量（千字）	转换后文字量（千字）	开本
合计					

附件八:中文图书全文转换成品数据移交单

编号:

提交时间		
加工单位		
提交人员签字		
接收单位		
接收人员签字		
介质	类型(编号)	
	数量	
图书加工编号		
内容	图书数量	
	文件数量	
	数据库	
	文字量	
备注		

附件九:中文图书全文转换数据说明文件

文件格式:Microsoft Excel

文件内各表命名及结构说明:

1. 数据总体说明

序号	名称	说明
1	项目名称	项目名称
2	加工单位	项目加工单位全名
3	项目时间	项目完成年份
4	数据加工编号	以起始~终止表示,如 01090001_01 ~01090213_20(可不连续)
5	完成图书总数	项目实际完成图书册数
6	完成文件总数	项目实际完成文本文件个数
7	文本转换总数	项目实际完成文本转换字数
8	序号	以1开始,顺次编号
9	存储内容	存储的数据内容,如文本文件、数据库、说明文件等
10	数据格式	以大写英文字母表示,如 TXT、EXCEL、ACCESS 等
11	存储介质	数据存储的介质,如硬盘、DVD 光盘等
12	介质编号	以起始~终止表示,光盘填写光盘编号,硬盘填写硬盘财产编号,如 01109B10001 ~01109B10002. 201001161
12	介质数量	存储介质的数量
13	存储量	以 MB 为单位表示
14	备注	需要说明的特殊情况,如"第一套""第二套"

2. 文本转换数据硬盘存储清单

序号	名称	说明
1	数据内容	存储的数据内容,如中文图书文本文件、对应数据库等
2	数据格式	以大写英文字母表示,如 TXT、ACCESS 等
3	序号	以1开始,顺次编号
4	硬盘编号	本硬盘的财产编号,如 201001161

续表

序号	名称	说明
5	图书加工编号	本块硬盘存储的图书加工编号起止号，如 01090001_01 ~ 01090050_99（可不连续）
6	图书册数	本块硬盘存储的中文图书总册数
7	文件个数	本块硬盘存储的文本文件总个数
8	文本字数	文本转换总字数
9	存储量	以 MB 为单位表示
10	备注	需要说明的特殊情况
11	合计	图书加工编号以起止号表示（可不连续），合计图书册数、文件个数、存储总量

注：硬盘编号按递增顺序排列。

3. 文本转换数据光盘存储清单

序号	名称	说明
1	数据内容	存储的数据内容，如中文图书文本文件、对应数据库等
2	数据格式	以大写英文字母表示，如 TXT、ACCESS 等
3	序号	以 1 开始，顺次编号
4	光盘编号	本张光盘的光盘编号，如 01109B10001
5	图书加工编号	本张光盘存储的图书加工编号起止号，如 01090001_01 ~ 01090001_05（可不连续）
6	图书册数	本张光盘存储的中文图书册数
7	文件个数	本块硬盘存储的文本文件总个数
8	文本字数	文本转换总字数
9	存储量	以 MB 为单位表示
10	备注	需要说明的特殊情况
11	合计	图书加工编号以起止号表示（可不连续），合计图书册数、文件个数、存储总量

注：光盘编号按递增顺序排列，填写第一套光盘相关信息。

4. 图书单册数据量统计表

序号	名称	说明
1	序号	以 1 开始,顺次编号
2	加工编号	图书加工编号
3	书名	本册图书书名
4	文件数	本册书中文本文件数量
5	文字数	本册书中文本转换文字数量
6	未转换文件数	本册书中未转换文件数量
7	合计	图书加工编号以起止号表示(可不连续),合计文件数、文字数

注:图书加工编号按递增顺序排列。

5. 未转换图像清单

序号	名称	说明
1	序号	以 1 开始,顺次编号
2	加工编号	未转换图像所属图书加工编号
3	未转换图像文件名	未转换图像文件名
4	对应单版文本文件名	未转换图像对应的单版文本文件名
5	原因	图像未转换原因
6	合计	合计未转换图像数

附件十:光盘盘面及标签书写

1. 光盘盘面

用不易脱落油性记号笔以四号字大小书写。盘面上方居中位置书写光盘编号;下方书写所备份数据的起止加工编号。

2. 光盘盘标

(1)盘标打印

用书标专用纸打印如下图式样的光盘标签(宋体、黑色、小四号字)。

01109B10001

(2)盘标粘贴

光盘盘标向外居中,粘贴于光盘盒的脊背上端。盘标一律竖贴,自下而上阅读。粘贴时注意不要折角横截于数字或字母中间,影响转换效果。

附件十一：中文图书全文转换数据验收记录单

制表时间：　　　　　　　　　　　　编号：

资源名称			
加工单位		加工时间	
验收部门			
抽检人		抽检时间	
错误修改完成预期时间		错误修改完成提交时间	
加工单位签字		验收部门签字	

抽检记录及问题：

一、总体说明

二、小结

三、质量验收

验收内容：

验收结果：

有问题文献：

备注	

样例1:存储介质的说明文件(readme.txt)

一、项目名称:中文图书全文转换加工

二、文献类型:中文图书

三、制作时间:2010年×月

四、承担部门:国家图书馆数字资源部

五、加工单位:xxxxx公司

六、存储介质信息

1. 介质名称:

2. 加工起止号:例如,01090001_01~01090001_50

3. 文献数量:

4. 文件数量:

5. 存储容量:

七、技术参数

1. 存储格式:例如,TXT格式

2. 加工软件:

附录五　图书馆视障人士服务规范(建议稿)

1　范围

本标准规定了图书馆视障人士服务的服务对象、服务资源、服务内容与形式、服务要求、服务宣传、服务监督与评价。

本标准适用于各省、地(市)、县(区)级公共图书馆(含少年儿童图书馆)视障阅览室以及残疾人联合会、盲人教育机构和其他社会组织建立的为视障人士提供图书馆服务的专门场所。

2　规范性引用文件

下列文件对本文件的应用是必不可少的。凡是注日期的引用文件,仅注日期的版本适用于本文件。凡是不注日期的引用文件,其最新版本(包括所有的修改单)适用于本文件。

GB/T 28220　公共图书馆服务规范

GB/T 31015　公共信息导向系统　基于无障碍需求的设计与设置原则

GB 50763　无障碍设计规范

JGJ 38　图书馆建筑设计规范

YD/T 1761　网站设计无障碍技术要求

3　术语和定义

下列术语和定义适用于本文件。

3.1

视力残疾　the visual disability

由于各种原因导致双眼视力低下并且不能矫正或视野缩小,以致影响其日常生活和社会参与。视力残疾包括盲及低视力。

[GB/T 26341—2010 术语 4.2]

3.2

视障人士　the visually impaired

因视力残疾(3.1)导致的视力下降或视力丧失的人。

3.3

视障阅览室　reading room for the visually impaired

公共图书馆为视障人士(3.2)提供图书馆服务的专门场所。

3.4

盲文图书馆　braille library

由残疾人联合会、盲人教育机构和其他社会组织为视障人士(3.2)提供图书馆服务的专门场所。

3.5

无障碍设施　accessible facilities

为方便残疾人或行动不便者设计的使之能参与正常活动的设施。

[改写自:DGJ 08 - 103—2003,术语 2.0.3 和 GB 50642—2011,术语 2.0.1]

3.6

盲文设备　braille reader

用于处理和摸读盲文的装置或器具。

3.7

读屏软件　screen-reading software

专门为视障人士(3.2)设计的屏幕信息获取软件。

3.8

盲文计算机　computer for the visually impaired

集成操作系统、读屏软件(3.7)、盲文电子显示单元为一体的专用计算机。

3.9

盲文显示器　braille display

能够将信息以盲文点字形式凸显出来的设备。

3.10

盲文刻印机 braille printer

可将盲文数据刻印到专用介质上的设备。

3.11

听书设备 e-book player

播放有声资源或利用语音合成技术(Text To Speech,简称 TTS 技术)将电子文本转换为语音的装置或器具。

3.12

助视设备 visual aid

改善或提高低视力者视觉能力的装置或器具。

3.13

盲文读物 braille book

专供视障人士(3.2)使用,依据文稿译制并显示在不同介质上、可触摸的出版物。

3.14

大字读物 large print publications

专门为低视力者设计,以特定字体、字号制作的出版物。

3.15

无障碍影视作品 audio described movies

配有画面解说、字幕、手语的音像出版物。

4 总则

4.1 为推进图书馆视障人士服务标准化,指导图书馆通过自身资源和专业能力均等化满足视障人士对知识、信息及相关文化活动的需求,保障视障人士服务的基本文化权益,特制定本规范。

4.2　图书馆视障人士服务应以全心全意为视障人士服务为原则，通过标准化、无障碍、可选择、主动性、引导性服务改进服务质量，提高服务能力。

4.3　图书馆视障人士服务应依据视障人士的需求采选文献资源，安排服务项目，完善服务设施。

4.4　图书馆视障人士服务除执行本标准的有关规定外，还应符合 GB/T 28220 以及其他相关国家标准规定和政策文件的要求。

5　服务对象

图书馆视障人士服务对象主要包括但不限于以下人群：

——视障人士；

——视障人士的家庭成员；

——从事视障人士服务、教育、研究的人员或志愿者；

——盲人阅读体验者；

——阅读障碍者等。

注：阅读障碍者是指在一般智力动机、生活环境和教育条件等方面与其他个体没有差异，也没有明显视力、听力、神经系统障碍，但其阅读或书写成绩明显低于相应年龄的应有水平，处于阅读或书写困难状态的个体。

6　服务资源

6.1　配置原则

服务资源配置应符合以下原则：

a）与视障人士的认知特点和信息获取方式相适应；

b）与视障人士的多样化、个性化需求相适应；

c）与本地区经济、文化和社会事业发展相适应；

d）与本馆服务视障人士的数量相匹配。

6.2　馆舍建设

6.2.1　基本要求

公共图书馆应遵照 JGJ 38 关于图书馆建筑设计的有关要求设立视障阅览室。有条件的地区残疾人联合会、盲人教育机构和其他社会组织建立的为视障人士提供图书馆服务的专门场所宜遵照 JGJ 38 设立专门的盲文图书馆。

6.2.2　选址

视障阅览室和盲文图书馆选址除遵照 GB/T 28220 的相关要求执行外，还应结合视障人士的生理条件和心理特点着重考虑以下要求：

a）视障阅览室应设在图书馆本体建筑物与社会公共通道之间的平行层，按 GB/T 28220 中建筑功能总体布局的要求实施；

b）盲文图书馆应遵循交通便利原则，尽量靠近视障人士相对集中的居民区和工作区。

6.2.3　无障碍环境要求

视障阅览室和盲文图书馆的建设应满足以下无障碍环境条件：

a）按 GB 50763 规定配备无障碍设施，按 GB/T 31015 规定设置无障碍导引标识；

b）在门口处设置与馆外人行道相连接的盲道，并在转弯处设置转向标识；

c）在楼梯、过道、洗手间等处设置扶手或盲道，在墙角等转弯处设置护垫等物，在阅览室或洗手间门口处设置盲文标识或语音提示。

6.2.4　功能布局

视障阅览室和盲文图书馆应保证一定的建筑面积和阅览座席，具体指标见表 1。

表 1　建筑面积和阅览座席指标

等级	阅览室面积（m^2）	阅览座席（个）
省级	≥100	≥15
地级	≥50	≥8

续表

等级	阅览室面积(m^2)	阅览座席(个)
县级	≥20	≥4
注:省级包含省(自治区、直辖市)、副省级市(计划单列市)图书馆视障阅览室或盲文图书馆;地级包含地级市、地区、盟、州图书馆视障阅览室或盲文图书馆;县级包含县级市、县(区)图书馆视障阅览室或盲文图书馆。		

阅览室门口设置服务台,可利用四周墙面设置书架,在房屋中间设置阅览区及活动区;若条件允许,可单独设置藏书区、阅览区、活动区等功能区,在阅览区配备专门为视障人士设计的阅览桌等图书馆家具。

6.3 阅览设备

6.3.1 基本要求

视障阅览室和盲文图书馆应配备与视障人士服务相配套的阅览设备,如安装有读屏软件的计算机、盲文设备、听书设备和助视设备等。

6.3.2 盲文设备

视障阅览室和盲文图书馆应配备盲文设备,包括盲文计算机、盲文显示器和盲文刻印机等。

6.3.3 听书设备

视障阅览室和盲文图书馆应配备听书设备。

6.3.4 助视设备

视障阅览室和盲文图书馆应配备助视设备。

6.4 文献资源

6.4.1 基本要求

文献资源采集应符合 GB/T 28220 关于图书馆文献采集的要求,重点采集符合视障人士认知特点和信息获取方式的盲文读物、大字读物、有声读物及无障碍影视作品等类型的资源,在确保满足视障人士基本需求的基础上逐步增加数字资源。

6.4.2　文献收藏总量

文献收藏总量取决于当地经济条件、视障人士需求及图书馆采购能力。少数民族聚集地区的图书馆可为视障人士提供适量的本民族语言文献资源。

盲文读物、大字读物以册数计,有声读物和无障碍影视作品以种数计,入藏总量基本指标见表2。

表2　收藏文献类型及数量指标

等级	盲文读物(册)	大字读物(册)	有声读物(种)	无障碍影视作品(种)
省级	≥1500	≥3000	≥3000	≥200
地级	≥700	≥2000	≥2000	≥100
县级	≥300	≥700	≥1000	≥50
注:省级包含省(自治区、直辖市)、副省级市(计划单列市)图书馆视障阅览室或盲文图书馆;地级包含地级市、地区、盟、州图书馆视障阅览室或盲文图书馆;县级包含县级市、县图书馆视障阅览室或盲文图书馆。				

6.4.3　年均新增藏量

资源的年均新增藏量应与馆舍面积、馆藏规模、年度读者服务量等因素相匹配。

6.5　人力资源

6.5.1　人员要求

工作人员应符合 GB/T 28220 对人员的相关要求,还应掌握盲文基础知识,熟练使用阅览设备,具备为视障人士服务的技能。

6.5.2　人员配备

视障阅览室和盲文图书馆应以服务时间、规模、资源数量、年度读者服务量等因素为依据,配备数量适宜的专兼职工作人员。

6.5.3　教育培训

视障阅览室和盲文图书馆应按照 GB/T 28220 的要求对本机构工作人员开展教育培训,内容应包括盲文知识、阅览设备使用和服务技能等。

6.5.4 志愿者

引入志愿服务机制，吸纳更多志愿者参与视障人士服务工作，通过专业培训、规范管理，为视障人士利用馆内资源、参与馆内活动提供帮助。

7 服务内容与形式

7.1 服务内容

视障阅览室和盲文图书馆应向视障人士提供以下服务内容：

a）建立视障人士服务档案，记录视障人士的基本情况、阅读倾向和需求信息，有针对性地丰富服务形式，优化服务质量；

b）通过文献检索教育，引导视障人士独立获取所需资源；

c）通过编制推荐书目、导读书目对视障人士进行阅读辅导；

d）通过借阅服务、参考咨询、阅读培训培养视障人士信息素养，提高利用图书馆的能力；

e）增强机构间协作，开展盲文读物馆际互借，提高资源利用率和覆盖面。

7.2 服务形式

7.2.1 基本服务

视障阅览室和盲文图书馆应向视障人士提供以下基本服务：

a）提供盲文、有声、大字、电子等形式的收藏文献书目与索引；

b）提供视障人士所需知识领域的参考咨询服务；

c）提供收藏文献资源的查询、在馆阅读、外借等服务；

d）提供阅览设备的使用培训和借阅服务；

e）举办读书会、文化沙龙、专题讲座等阅读推广活动。

7.2.2 拓展服务

视障阅览室和盲文图书馆可根据本馆情况向视障人士提供以下服务：

a）为无法到馆的视障人士提供邮递、送书上门等外借服务；

b）按照 YD/T 1761 要求进行网站无障碍改造，提供文化信息资源共享；

c）利用互联网、手机等信息技术手段和载体开展网上书目检索、参考咨询等远程网络信息推送服务；

d）提供康复、技能、才艺等方面的教育培训；

e）招募、组织志愿者为视障人士提供接送、朗读、盲文翻译等服务；

f）提供盲文刻印服务；

g）提供无障碍影视作品制作、放映服务；

h）通过流动站、流动车等形式，将文献外借服务和其他服务向基层等延伸，定期开展巡回流动服务；

i）提供康复设备（如盲杖、轮椅等）的租用或借用服务。

8　服务要求

8.1　服务时间

视障阅览室和盲文图书馆应有固定的开放时间，双休日应对外开放。其中省级馆（室）每周开放时间不少于48小时；地级馆（室）每周开放时间不少于40小时；县级馆（室）每周开放时间不少于32小时。各级独立建制的少年儿童图书馆每周开放时间不少于32小时。如视障人士有需求，视障阅览室和盲文图书馆的服务时间应与GB/T 28220规定的服务时间一致。

8.2　服务告示

8.2.1　告示内容和方式

视障阅览室和盲文图书馆的服务范围、服务内容、服务形式、服务时间、读者须知、借阅规则、使用说明及资源目录等基本服务信息应以盲文或大字的形式在馆内公告，以有声和电子等形式通过图书馆网站、电话、短信、QQ群、微信群等向视障人士公告。

8.2.2　开放时间变更公告

节假日变更开放时间或因故须暂时闭馆，须提前一周以有声和电子等形式通过图书馆网站、电话、短信、QQ群、微信群等向视障人士公告。

如遇公共安全等突发事件须临时闭馆或关闭视障人士服务区域时,应及时向视障人士公告。

8.3　资源推介

视障阅览室和盲文图书馆应通过网站、手机应用、宣传资料等形式,向视障人士推介最新入藏的文献资源。

8.4　服务指标

视障阅览室和盲文图书馆应每年统计视障人士接受服务的总人次、经常来馆的活跃读者数量、全年服务人次、设备借阅人次、文献资源使用人次、参与文化活动及社会培训人次。

9　服务宣传

9.1　发展读者

视障阅览室和盲文图书馆应积极在本地区通过媒体、网站、手机、宣传资料及宣传栏等方式开展视障人士服务宣传,提高视障人士的图书馆意识,吸引更多视障人士利用好视障阅览室和盲文图书馆,加强读者教育,扩大读者队伍。

9.2　活动宣传

视障阅览室和盲文图书馆应与残疾人联合会、盲人协会、盲人教育机构及盲人就业服务机构等联合开展视障人士服务宣传活动。

视障阅览室和盲文图书馆应结合阅读推广和教育培训,宣传视障人士服务,吸引视障人士参与和互动。

10　服务监督与评价

10.1　监督途径和方法

视障阅览室和盲文图书馆应公开监督电话,开设网上投诉通道,随时征求读者意见或建议,定期通过电话征求读者意见或建议,每年召开 1 次读者座谈会。正确对待并及时处理来自视障人士的意见或投诉,应在 5 个工作日内回复处理结果和整改方案。

10.2　读者满意度调查

视障阅览室和盲文图书馆应每年进行一次读者满意度调查。

读者满意度调查表中视障人士对图书馆满意度的选项为“满意”、“基本满意”和“不满意”三项。读者满意度以参与问卷调查的读者中选择“基本满意”和“满意”的人数占调查总人数的比例计。视障阅览室和盲文图书馆的读者满意度应在85%(含)以上。

视障阅览室和盲文图书馆应对回收的读者满意度调查表进行分析,针对薄弱环节提出整改意见。调查数据应系统整理,建档保存。

参考文献

[1] 全国残疾人康复和专用设备标准化技术委员会. 残疾人残疾分类和分级:GB/T 26341—2010[S]. 北京:标准出版社,2011.

[2] 江苏省住房和城乡建设厅. 无障碍设施施工验收及维护规范:GB 50642—2011[S]. 北京:中国计划出版社,2011.

[3] 上海市建设工程标准定额管理总站,上海现代建筑设计(集团)有限公司. 无障碍设施设计标准:DGJ 08 - 103—2003[S]. 上海:上海市建筑和管理委员会,2003.

[4] 文化部公共文化司. 文化部办公厅关于开展第六次全国县级以上公共图书馆评估定级工作的通知:办公共函〔2017〕5号. [A/OL]. (2017 - 01 - 15)[2017 - 09 - 15]. http://zwgk.mcprc.gov.cn/auto255/201701/t20170117_477673.html.

[5] International Federation of Library Associations and Institutions. IFLA Guidelines for Library Services to Persons with Dyslexia-Revised and extended[EB/OL]. [2017 - 09 - 06]. https://www.ifla.org/files/assets/lsn/publications/guidelines-for-library-services-to-persons-with-dyslexia_2014.pdf.

[6] Rosemary Kavanagh, Beatrice Christensen Sköld. Libraries for the Blind in the Information Age Guidelines for Development[M]. Hague: International Federation of Library Associations and Institutions, 2005.

[7] Ascla. Revised Standards and Guidelines of Service for the Library of Congress Network of Libraries for the Blind and Physically Handicapped[M]. Chicago: American Library Association, 2011.

参考文献

[1] 2009—2010年度中国电子图书发展趋势报告[EB/OL].[2018-09-01]. http://www.docin.com/p51339794.html.

[2] 2010年末全国残疾人总数及各类、不同残疾等级人数[EB/OL].[2018-08-26]. http://www.cdpf.org.cn/sjzx/cjrgk/201206/t20120626_387581.shtml.

[3] 2015年中国残疾人事业发展统计公报(残联发〔2016〕14号)[EB/OL].[2018-12-01]. http://www.cdpf.org.cn/zcwj/zxwj/201604/t20160401_548009.shtml.

[4] Access to libraries for persons with disabilities—CHECKLIST[EB/OL].[2018-10-20]. http://www.ifla.org/files/assets/hq/publications/professional-report/89.pdf.

[5] BAE K J, JEONG Y S, SHIM W S, et al. The Ubiquitous Library for the Blind and Physically Handicapped - A Case Study of the LG Sangnam Library, Korea[J]. IFLA Journal, 2007, 33(3):210-219.

[6] BECK S G. A galaxy of rustling stars: Places on the web and other library and information paths for the deaf[J]. Library Hi Tech, 1995, 13 (4):93-100.

[7] BODAGHI N B, ZAINAB A N. Accessibility and facilities for the disabled in public and university library buildings in Iran[J]. Information Development, 2013, 29(3):241-250.

[8] Building construction - Needs of disabled people in buidlings - Design guidelines: ISO/TR 9527:1994[S/OL].[2018-10-27]. http://www.doc88.com/p-7884450155009.html.

[9] BYERLEY S L, CHAMBERS M B. Accessibility and usability of Web-based library databases for non-visual users[J]. Library Hi Tech, 2002, 20(2):169-178.

[10] CAMARATTA M A. Library service to people with mental challenges[J]. Public Libraries, 2009, 48(3):6-12.

[11] Design of buildings and their approaches to meet the needs of disabled people - Code of practice: BS 8300:2009 + A1:2010[S/OL].[2018-10-08]. http://www.doc88.com/p-2035614651361.html.

[12] FOLCHER V. Bibliothèque numérique pour le handicap (BnH): D'une connaissance des at-

tentes des lecteurs à l'analyse des usages[J]. Bulletin des Bibliothèques de France,2011(3):86-91.

[13] Guidelines for easy-to-read materials[EB/OL]. [2018-06-06]. http://www.ifla.org/files/assets/hq/publications/professional-report/120.pdf.

[14] Guidelines for Library Services to Deaf People. 2nd Edition[EB/OL]. [2018-06-06]. http://www.ifla.org/VII/s9/nd1/iflapr-62e.pdf.

[15] Guidelines for Library Services to Persons with Dementia[EB/OL]. [2018-06-06]. http://archive.ifla.org/VII/s9/nd1/Profrep104.pdf.

[16] Guidelines for Library Services to Persons with Dyslexia-Revised and extended[EB/OL]. [2018-06-06]. http://archive.ifla.org/VII/s9/nd1/iflapr-70e.pdf.

[17] Guidelines on Library Standards for People with Disabilities[EB/OL]. [2018-06-06]. https://www.alia.org.au/about-alia/policies-and-guidelines/alia-policies/guidelines-library-standards-people-disabilities.

[18] HOPKINS J. School library Library Service: The role of assistive technology[J]. Teacher Librarian,2004,31(3):15-18.

[19] Information technology-Accessibility considerations for people with disabilities-Part 1: User needs summary: ISO/IEC TR 29138-1:2009[S/OL]. [2018-10-08]. http://www.doc88.com/p-0681391902252.html.

[20] Information technology - Accessibility considerations for people with disabilities - Part 2: Standards inventory: ISO/IEC TR 29138-2:2009[S/OL]. [2018-10-08]. http://www.doc88.com/p-9863419334313.html.

[21] Information technology - Accessibility considerations for people with disabilities - Part 3: Guidance on user needs mapping: ISO/IEC TR 29138-3:2009[S/OL]. [2018-10-08]. http://www.doc88.com/p-6611254028834.html.

[22] Information technology - Guidelines for the design of icons and symbols accessible to all users, including the elderly and persons with disabilities: ISO/IEC TR 19766:2007[S/OL]. [2018-10-27]. http://www.doc88.com/p-6788413728981.html.

[23] Information technology - Survey of icons and symbols that provide access to functions and facili-

ties to improve the use of information technology products by the elderly and persons with disabilities:ISO/IEC TR 19765:2007[S/OL]. [2018 - 10 - 08]. http://www. doc88. com/p-0681391902274. html.

[24] Information technology - User interfaces - Accessible user interface for accessibility settings: ISO/IEC 24786: 2009 [S/OL]. [2018 - 10 - 28]. http://www. doc88. com/p-4877809962882. html.

[25] Libraries for the Blind in the Information Age-Guidelines for Development[EB/OL]. [2018 - 09 - 14]. http://www. ifla. org/files/assets/hq/publications/professional-report/86. pdf.

[26] Library and Information Services for People with a Disability[EB/OL] . [2018 - 09 - 14]. https://www. alia. org. au/about-alia/policies-standards-and-guidelines/library-and-information-services-people-disability.

[27] Library Services for People with Disabilities Policy[EB/OL]. [2018 - 10 - 06]. http://www. ala. org/ascla/asclaissues/libraryservices/.

[28] MIDDLETON K, STEWART R, NARENDRA V, et al. Accessibility and usability of online library databases[J]. Library Hi Tech, 2005, 23(2): 265 - 286.

[29] MULLIKEN A. Accessibility to library databases and other online library resources for people with disabilities[J]. Interface, 2009, 31(2): 1.

[30] PACK N C, FOOS D D. Library compliance with the Americans with Disabilities Act[J]. RQ, 1992, 32(2): 255 - 267.

[31] Revised Standards and Guidelines of Service for the Library of Congress Network of Libraries for the Blind and Physically Handicapped[EB/OL]. [2018 - 09 - 06]. http://www. michigan. gov/documents/dleg/DLEG_SBPH_standards2005_320503_7. pdf.

[32] ROBINSON C, DOWD F. Public library services to disabled children: a national survey of large systems[J]. Journal of Youth Services in Libraries. 1997, 10(3): 283 - 290.

[33] ROOS J W. Libraries for the blind as accessible content publishers: Copyright and related issues[J]. Library Trends, 2007, 55(4): 879 - 916.

[34] Specifications for the Digital Talking Book[EB/OL]. [2018 - 10 - 19]. http://www. niso. org/workrooms/daisy/Z39-86-2005. html.

[35] Standards and guidelines for Australian Public Libraries[EB/OL].[2018-10-19]. http://www.alia.org.au/sites/default/files/documents/advocacy/PLSG_ALIA_2012.pdf.

[36] Statement on Public Library Service[EB/OL].[2018-10-08]. https://www.alia.org.au/about-alia/policies-standards-and-guidelines/statement-public-library-services.

[37] Web accessibility - Code of practice:BS 8878:2010[S/OL].[2018-10-08]. http://www.doc88.com/p-7364822228807.html.

[38] WILHELMUS D W. Law libraries and the Americans with Disabilities Act:Making law libraries accessible to the visually impaired[J]. Law Library Journal,1994,86(2):299-310.

[39] YOON H Y,KIM S Y. On the improvement of the Copyright Law of Korea for library services for persons with disabilities[J]. Journal of Librarianship & Information Science,2013,45(2):140-152.

[40] 高齢者・障害者等配慮設計指針—情報通信における機器,ソフトウェア及びサービス—第1部:共通指針:JIS X 8341-1:2010[S/OL].[2018-10-28]. http://www.doc88.com/p-7408482678528.html.

[41] 高齢者・障害者等配慮設計指針—情報通信における機器,ソフトウェア及びサービス—第3部:ウェブコンテンツ:JIS X 8341-3:2016[S/OL].[2018-10-28]. http://www.doc88.com/p-2495054210936.html.

[42] 高齢者・障害者等配慮設計指針—情報通信における機器,ソフトウェア及びサービス—第6部:対話ソフトウェア:JIS X 8341-6:2013[S/OL].[2018-10-28]. http://www.doc88.com/p-7408488997253.html.

[43] 北京市建筑设计研究院. 无障碍设计规范:GB/T 50763—2012[S]. 北京,中国建筑工业出版社,2012.

[44] 残疾人残疾分类和分级[EB/OL].[2018-09-26]. http://www.bdpf.org.cn/zwpd/zcfg/cjrzl/c16091/content.html.

[45] 曹雪梅,卫孺勤. 公共图书馆无障碍环境建设初探[J]. 图书与情报,2010(05):131-135.

[46] 戴婕. 公共图书馆残疾人阅读服务的实践与创新——以苏州图书馆为例[J]. 科技情报开发与经济. 2015(14),87-88.

[47] 第三届文化部创新奖获奖项目:中国盲人数字图书馆[EB/OL].[2018-10-20].

http://www. mcprc. gov. cn/sjzz/whkjs_4737/whkjs_ztlm/whkjj_whbcxj/201111/t20111128_345269. htm.

[48] 樊戈,李桂华. 残疾用户信息需求调查与服务对策思考[J]. 图书馆,2009(1):60 - 62.

[49] 甘平. 移动阅读与图书馆延伸服务研究[J]. 学理论,2011(8):62 - 73.

[50] 公共图书馆宣言[J]. 图书馆学刊,1996(6):41,45.

[51] 关于2010年末全国残疾人总数及各类、不同残疾等级人数的通知(残联〔2012〕25号)[EB/OL]. [2018 - 10 - 20]. http://www. cdpf. org. cn/sjzx/cjrgk/201206/t20120626_387581. shtml.

[52] 关于开展2015年读书活动的通知[EB/OL]. [2018 - 08 - 26]. http://www. cdpsn. org. cn/policy/dt104l41619. htm.

[53] 国家基本公共服务体系"十二五"规划(全文)[EB/OL]. [2018 - 07 - 20]. http://www. china. com. cn/policy/txt/2012-07/20/content_25965719_4. htm.

[54] 国家统计局,第二次全国残疾人抽样调查领导小组. 第二次全国残疾人抽样调查主要数据公报[EB/OL]. [2018 - 09 - 17]. http://www. stats. gov. cn/tjsj/ndsj/shehui/2006/html/fu3. htm.

[55] 国务院关于印发"十三五"加快残疾人小康进程规划纲要的通知(国发〔2016〕47号)[EB/OL]. [2018 - 09 - 17]. http://www. gov. cn/zhengce/content/2016-08/17/content_5100132. htm.

[56] 韩睿琼. 对完善图书馆盲人服务工作的几点思考[J]. 晋图学刊,2012(11):57 - 59.

[57] 郝小勤,宋飞,周威,等. 论高校图书馆工作在互联网+环境下的发展策略[J]. 农业图书情报学刊,2016(11):96 - 100.

[58] 贾巍杨,王小荣. 中美日无障碍设计法规发展比较研究[J]. 现代城市研究,2014(4):116 - 120.

[59] 江淑洁. 我国盲人数字图书馆建设概况[J]. 图书情报工作,2009(9):64 - 67.

[60] 金怡. 盲人图书馆引入志愿者服务的探析——以无锡市图书馆盲人馆为例[J]. 图书馆研究与工作,2010(3):53 - 55.

[61] 李炳穆,太贤淑,段明莲. 韩国图书馆法[J]. 图书情报工作,2008(6):6 - 12.

[62] 李春明,陈力,张炜. 中国残疾人数字图书馆建设展望[J]. 图书馆建设,2010(11):16 - 18.

[63] 李克强总理提出制定"互联网+"行动计划[EB/OL]. [2018 - 11 - 10]. http://tech. chi-

na. com/news/net/156/20150310/19365177. html.

[64] 刘玮. 关于残疾人图书馆建设和发展的几点思考[J]. 图书馆学研究,2008(2):16 - 19.

[65] 刘英华,李福坤. 盲人数字图书馆——功能需求与技术架构的分析[J]. 图书馆学研究,2010(3):25 - 28.

[66] 齐向华,付宁. 试论公共图书馆的信息无障碍服务[J]. 情报科学,2009(3):356 - 359.

[67] 邱奉捷,王子舟. 北京市残疾人阅读及公共图书馆利用情况的调查报告[J]. 图书馆,2009(3):50 - 55.

[68] 全国残疾人康复和专用设备标准化技术委员会. 残疾人残疾分类和分级:GB/T 26341—2010[S]. 北京:中国标准出版社,2011.

[69] 全国残疾人康复和专用设备标准化技术委员会. 残疾人辅助器具分类和术语:GB/T 16432—2004[S]. 北京:中国标准出版社,2005.

[70] 全国残疾人康复和专用设备标准化技术委员会. 盲人手杖安全色标志:GB 16930. 1—1997[S]. 北京:中国标准出版社,1998.

[71] 全国残疾人康复和专用设备标准化技术委员会. 盲人手杖规格及分类:GB/T 16930. 2—1997[S]. 北京:中国标准出版社,1998.

[72] 全国残疾人康复和专用设备标准化技术委员会. 双臂操作助行器要求和试验方法框式助行架:GB/T 14728. 1—2006[S]. 北京:中国标准出版社,2006.

[73] 全国图书馆标准化技术委员会. 公共图书馆服务规范:GB/T28220—2011[S]. 北京,中国标准出版社,2012.

[74] 全国图形符号标准化技术委员会. 标志用公共信息图形符号第 9 部分:无障碍设施符号:GB/T 10001. 9—2008[S]. 北京:中国标准出版社,2009.

[75]《全民阅读促进条例》征求意见稿全文[EB/OL]. [2018 - 09 - 17]. http://gw. yjbys. com/yijian/54134. html.

[76] 若水. 掌上阅读新方式——电子书[J]. 科学 24 小时,2010(5):12 - 15.

[77] 首个残疾人数字图书馆验收残障人将享受无差别文化服务[EB/OL]. [2018 - 10 - 26]. http://www. wenming. cn/whhm_pd/yw_whhm/201112/t20111219_430034. shtml.

[78] 淑洁. 我国盲人数字图书馆建设概况[J]. 图书情报工作,2009(9):64 - 67.

[79] 唐建华. 公共图书馆与盲人服务[J]. 图书馆理论与实践,2005(6):68 - 70.

[80] “图书馆促进信息资源公平获取”行动启动[EB/OL]. [2018 - 10 - 25]. http://www.gmw.cn/01ds/2009-05/13/content_920515.htm.

[81] 王素芳. 从物理环境无障碍到信息服务无障碍:我国公共图书馆为残疾群体服务现状调研及问题、对策分析[J]. 图书馆建设,2010(11):19 - 27.

[82] 王燕荣,李春明. 安徽省图书馆残障服务调研分析[J]. 国家图书馆学刊,2016(4),22 - 28.

[83] 王晔斌,谷啸岳,曹芸,等. 公共图书馆网站无障碍信息技术研究与实践[J]. 图书馆杂志,2014(7):78 - 82.

[84] 王子舟,夏凡. 图书馆如何对残疾人实施知识援助[J]. 图书情报知识,2007(2):5 - 18.

[85] 无障碍环境建设条例[EB/OL]. [2018 - 08 - 06]. http://www.gov.cn/gongbao/content/2012/content_2182743.htm.

[86] 吴冰芝、林锦芬、杨凌云. 图书馆服务视障读者研究[J]. 新世纪图书馆,2008(4):29 - 31.

[87] 吴红利. 我国省级公共图书馆残疾人服务现状调查与分析[J]. 四川图书馆学报,2011(2):54 - 57.

[88] 夏凡. 国内图书馆为残疾人服务基本现状调查[J]. 图书馆学刊,2008(1):102 - 104.

[89] 信息无障碍　公众场所内听力障碍人群辅助系统技术要求:YD/T 2099—2010[S/OL]. [2018 - 10 - 28]. http://www.doc88.com/p-0778666753350.html.

[90] 信息无障碍　呼叫中心服务系统技术要求:YD/T 2097—2010[S/OL]. [2018 - 10 - 28]. http://www.doc88.com/p-3774999762226.html.

[91] 信息无障碍　身体机能差异人群网站设计无障碍技术要求:YD/T 1761—2008[S/OL]. [2018 - 10 - 28]. http://www.doc88.com/p-1337444303094.html.

[92] 信息无障碍　身体机能差异人群网站设计无障碍评级测试方法:YD/T 1822—2008[S/OL]. [2018 - 10 - 28]. http://www.doc88.com/p-9661333641961.html.

[93] 信息无障碍　术语、符号和命令:YD/T 2313—2011[S/OL]. [2018 - 10 - 28]. http://www.doc88.com/p-4995666988081.html.

[94] 信息无障碍　用于身体机能差异人群的通信终端设备设计导则:YD/T 2065—2009[S/OL]. [2018 - 10 - 28]. http://www.doc88.com/p-3774999760424.html.

[95] 信息无障碍　语音上网技术要求：YD/T 2098—2010[S/OL]. [2018 - 10 - 28]. http://www.doc88.com/p-9661333698968.html.

[96] 杨朝晖. 图书馆为残疾人服务可适用的著作权例外研究[J]. 图书馆建设,2014(9):22 - 24.

[97] 曾红辉. 公共图书馆残疾人服务实践与思考[J]. 晋图学刊,2012(5):25 - 28.

[98] 张曙. 对残疾人社会保障问题的思考[J]. 南京理工大学学报(哲学社会科学版),1996(6):86 - 88.

[99] 中共中央、国务院关于促进残疾人事业发展的意见[EB/OL]. [2018 - 08 - 23]. http://www.gov.cn/jrzg/2008-04/23/content_952483.htm.

[100] 中国残疾人数字图书馆正式开通[EB/OL]. [2018 - 04 - 01]. http://epaper.jinghua.cn/html/2011-04/24/content_652805.htm.

[101] 中国残联发布“图书馆促进信息资源公平获取”行动倡议书[EB/OL]. [2018 - 10 - 20]. http://news.xinhuanet.com/politics/2009-05/08/content_11336015.htm.

[102] 中国发布第二次全国残疾人抽样调查主要数据公报[EB/OL]. [2018 - 05 - 08]. http://www.gov.cn/jrzg/2007-05/28/content_628517.htm.

[103] 中国盲人数字图书馆网站开通[EB/OL]. [2018 - 04 - 01]http://www.gov.cn/fwxx/wy/2008-10/15/content_1121300.htm.

[104] 中国图书馆学会. 公共图书馆建设标准：建标 108—2008[S]. 北京：中国计划出版社,2008.

[105] 中华人民共和国残疾人保障法[EB/OL]. [2018 - 09 - 24]. http://www.gov.cn/jrzg/2008-04/24/content_953439.htm.

[106] 朱磊. 以人为本清除障碍——漫谈中国信息无障碍标准[J]. 互联网天地,2006(s1).38 - 39.

[107] 朱莺. 图书馆残疾人阅读推广模式研究[J]. 图书馆研究,2014(4):54 - 56.